Roberta Sa... 24. janeiro. 2007

# POR QUE DEUS FICA EM SILÊNCIO

## quando mais precisamos dEle?

# James Long

# POR QUE DEUS FICA EM SILÊNCIO

## quando mais precisamos dEle?

CPAD

Título original em inglês:
*Why is God Silent*
Zondervan Publishing House, Grand Rapids, Michigan
Primeira edição em inglês: 1994
Tradução: Carla Mary Ribas de Souza
Capa: Hudson Silva

242 - Devocional
Long, James
LONp Por que Deus Fica em Silêncio?.../James Long
1.ed. - Rio de Janeiro: Casa Publicadora das Assembléias de Deus, 1995
p.176.cm.14x21
ISBN 85-263-0029-6

1. Devocional

CDD
242 - Devocional

**Casa Publicadora das Assembléias de Deus**
Caixa Postal 331
20001-970, Rio de Janeiro, RJ, Brasil

21ª Edição 2006

*À minha esposa,*
*que compreende*
*algo sobre o silêncio*

*Por que Deus fica em silêncio quando mais precisamos dEle?*

*Uma jornada de fé ao silêncio articulado de Deus?*

*O que Deus está tentando dizer-nos quando escolhe permanecer calado?*

*Por que Ele não sai do seu esconderijo, e fala conosco claramente quando estamos magoados?*

*Por que Ele desperta idéias conflitantes em explicar como ajustá-las?*

*E o que perdemos quando tentamos solucioná-las de todas as formas?*

# Índice

*"Depois disto o Senhor respondeu a Jó dum redemoinho, e disse: Quem é este que escurece o conselho com palavras sem conhecimento? Agora cinge os teus lombos, como homem; e perguntar-te-ei, e tu responde-me. Onde estava tu, quando eu fundava a terra? Faze-mo saber, se tens inteligência".*

*Jó 38.1-4*

# Prefácio

*FIQUE CALMO, E ENTENDA*

Muita coisa tem acontecido desde que comecei este livro, há alguns anos. Nunca pensei que meu pai morreria, como também a filha adolescente de um amigo muito próximo, antes de eu terminá-lo. Tampouco poderia prever que a igreja a qual amo, e tem sido meu lar por mais de 15 anos, se dividiria como uma concha, há dois anos. Quando você ler isto, talvez tudo esteja mudado. Tenho também enfrentado um sofrimento pessoal tão profundo, que não suporto escrever sobre o assunto, mesmo sendo apropriado no momento. É claro que estas experiências não têm sido fáceis. Elas levantam questões para as quais estou tentando achar respostas satisfatórias.

Tenho sentido o silêncio de Deus e, ainda, alguma coisa melhor. Como descrevê-la? É uma mistura de alegria, esperança e confiança. Posso dizer honestamente que tenho conhecido Deus em seu silêncio. Preciso contar a você ter conhecido o silêncio que transforma.

É um silêncio articulado.

Ele fala.

Este livro é meu maior esforço para explicar o processo. Então, falaremos sobre "o silêncio de Deus", pois é da natureza da vida abafar sua voz. Discutiremos "a voz de Deus", pois é de sua natureza revelar a si mesmo. Pergunta, resposta. Problema, solução. Mas não é suficiente. Minha luta, e talvez a sua também, é no ponto onde o silêncio e a voz de Deus são conflitantes; onde fé e vida colidem; onde a experiência reprova as Escrituras. Então, consideraremos também "o mistério de Deus", pois é da natureza da fé viver com paradoxos.

Surpresas me atingiram enquanto escrevia, pois comecei o livro no silêncio de Deus e completei-o com a fé de seus filhos. São o mesmo livro, é claro. O que dá voz ao silêncio de Deus representa menos para Ele do que para nós.

A voz está lá.

Esperando ser ouvida.

É a fé que abre os nossos ouvidos.

Mas como?

Primeira Parte

# *O Silêncio de Deus*

## *É da natureza da vida abafar a voz de Deus*

*Quando, por qualquer razão, a voz de Deus não parecer clara, podemos encobrir o silêncio e preencher os espaços vazios para Ele. Ou podemos prestar atenção cuidadosamente para o que Ele possa estar tentando nos ensinar através do silêncio.*

*Porque os meus pensamentos não são os vossos pensamentos, nem os vossos caminhos os meus caminhos, diz o Senhor. Porque, assim como os céus são mais altos do que a terra, assim são os meus caminhos mais altos do que os vossos caminhos, e os meus pensamentos mais altos do que os vossos pensamentos.*

Isaías 55.8,9

# Um
# *Silêncio: O Som do Infinito*

A Palavra veio a ele súbita e inesperadamente. A violência e a fatalidade tiraram-lhe os bens e a família. Enquanto tentava compreender perda tão devastadora, uma dolorida enfermidade de pele atacou-lhe a saúde.

Então veio a espera.

Sentado, tomando um pedaço de telha para raspar as feridas, pensava: Onde está Deus? Por que está calado? Quando se levantará para dissipar este sofrimento?

Esta é, claro, a experiência de Jó, relatada na Bíblia. A história de uma fé profunda e o mistério do sofrimento humano.

Com o desenrolar do drama, há um bom debate filosófico e especulações sobre a causa da calamidade que atingira a Jó - as opiniões se dividem. Nesse livro de 42 capítulos Deus não fala até o trigésimo oitavo. Quando isto acontece, deixa questões sem resposta, aumentando as dúvidas.

Não demora muito para se ler o livro. Na Bíblia, aberta junto a mim enquanto escrevia, o livro de Jó ocupa apenas 37 páginas. Em mais ou menos uma hora você pode considerar cada sentença da história. Tendo feito isto, fui atingido pela sensação de alívio quando Deus finalmente fala - a despeito de tudo que não é dito, mesmo pensando nas questões sem resposta.

Em aproximadamente uma hora, revivi a agonia e confusão com que este homem teve de lidar até o fim dos dias. Naquelas horas negras, pensando ter guardado sua fé em um Deus justo, ele sentiu um pequeno encorajamento, além da esperança de alívio que sua própria morte poderia trazer.

A experiência de Jó foi excepcionalmente severa, mas as emoções que sentiu não são exclusivas. Podemos enfrentar lutas e sofrimentos similares em questões parecidas: Onde Deus está? Por que está calado? Quando Ele se levantará para dissipar este sofrimento? Deus pode parecer-nos apenas uma fantasia.

Recordo-me de quando vi uma miragem pela primeira vez. Eu era jovem, e viajava da Califórnia até Kansas com minha família, em nossas férias de verão, para visitar alguns parentes. Ao cruzarmos o deserto Mojave, na estrada 66, a muitas milhas do rio Colorado, que marcava a fronteira do Arizona, vi, na estrada à nossa frente, a imagem clara de um tráfego que se aproximava. Meu pai disse que era uma miragem.

Certamente parecia real. Mas, ao nos aproximarmos, ela sumiu.

Em nosso sofrimento e desilusão, Deus pode parecer assim: uma ilusão promissora, até a necessidade nos pressionar em direção a Ele. De repente, Ele parece desaparecer, e pensamos em como pudemos ser tão tolos em acreditar que a ilusão poderia ser realidade.

Mas agora, contrário aos sentimentos de abondono, não seria possível que o inverso fosse verdade? Há alguns que, por experiência, nos diriam que Deus é precisamente o oposto da miragem. Primeiro, não é visto; depois, aproximando-nos dEle com fé, descobrimos que Ele está lá, esperando.

Digo com franqueza, sinto profundamente: estou convencido de que Deus tem falado. É sua natureza e seu desejo comunicar-se conosco, e de maneira clara. Esta certamente foi a experiência de Jó. Creio que meus problemas podem ser irrelevantes em comparação aos dele, mas tem sido minha melhor experiência.

Podemos falar de Deus como realidade versus miragem. Ele existe, e está esperando, muito antes de podermos ouvi-lo ou vê-lo. Podemos refletir sobre experiências perplexas e idéias confusas nos direcionando a ouvir a palavra clara de Deus.

É lógico que ambas anseiem sua voz, e sejam incapazes de ouvi-la, Ele é Deus, acima de tudo. Mas, para mim, a questão persiste. Qual o significado do silêncio de Deus? É apenas que não temos ouvido, ou é verdade que algumas vezes Deus não fala?

Em alguns casos, podemos enfrentar o fato de que Deus não fala. Ficamos em meio a um mistério. Pergunte a Jó.

Não é difícil imaginar que tais mistérios estejam muito além da nossa compreensão. Mas duvido que esta seja uma questão de limitação de capacidade intelectual - tentando preencher algo finito com o infinito. É claro que há uma relação emocional melhor. Será que realmente pensamos poder dominar totalmente os mistérios da vida e de Deus? Aparentemente, Deus pensa que não. Então permanecemos no escuro.

O conhecimento imperfeito é uma analogia adequada a nossos discernimentos limitados. O que é conhecimento imperfeito? Densas trevas não têm envolvido você, há evidência de luz. Ainda assim, a luz é insuficiente para dar uma definição clara. A realidade aparece como sombra, uma silhueta contra a tênue luz. Sob tal iluminação, sua imaginação (ou memória) registra detalhes que seus olhos não podem definir completamente. Algumas vezes, sua imaginação trabalha corretamente; outras, ela engana você, e as coisas não são como parecem.

Isto é comum, assim como o esclarecimento que tanto desejamos: somos impedidos de prosseguir devido ao conhecimento imperfeito que nos é dado pelas respostas parciais.

Nosso entendimento está na penumbra, entre a total iluminação do entendimento e a completa escuridão da ignorância. Podemos saber o suficiente para ver - mesmo para sentir - o problema, mas não o suficiente para compreender sua profundidade ou saber como solucioná-lo: "Porque agora vemos por espelho em enigma... agora conheço em parte" (1 Co 13.12).

Deus tem-nos dado apenas respostas parciais, e podemos vencer facilmente, sentindo seu silêncio. Ele tem falado, mas também não tem falado. Ele nos tem dado o que considera suficiente, e algumas vezes imploramos por mais.

Por exemplo, quando Deus finalmente falou a Jó, após todo o trauma pelo qual passou, Ele deu perspectiva, e não total esclarecimento. Isto pôde ser notado por Jó, naquele momento, contemplando a Deus, ouvindo-o; aquelas respostas parciais eram suficientes. Talvez não para suas perguntas, mas o bastante para trazer-lhe alívio. Quando se tem a certeza da total atenção de Deus, quando se tem a convicção de ter as respostas de Deus, tudo mais parecerá secundário.

Da mesma maneira, a questão permanece: Deus dá a Jó respostas parciais.

De fato, estando de alguma forma perto da luz, como Jó estava, obtemos algumas informações nos dois primeiros capítulos (aquele mal pessoal e sobrenatural que envolvia o teste de Jó); aparentemente ele não sabia, havia um conhecimento imperfeito, mesmo depois do fato. No fim do livro, quando Deus e Jó conversam diretamente, os detalhes dos bastidores simplesmente não são mencionados.

Mas não é apenas a experiência de Jó que ilustra a inclinação de Deus para dar apenas respostas parciais. Considere a própria Escritura.

Tomada pelo valor nominal, a Bíblia é um documento sensacional de revelação. Seu discernimento do caráter de Deus e da natureza da vida é estarrecedor em proporção e complexidade. Essa revelação é também, claro, incompleta. Há muitas coisas que Deus não declarou; um fato de reconhecimento bíblico é a promessa de que chegará o dia em que conheceremos a Deus, assim como somos conhecidos.

Quando minha família e eu mudamos para nossa nova casa, alguns amigos nos ajudaram a colocá-la em ordem durante todo um sábado. Naquela noite, logo após termos deitado exaustos, fomos acordados por dois de nossos amigos, que retornavam, para nos avisar que a filha de 15 anos de um amigo chegado tinha sido atropelada e morta por um trem. Mesmo agora, tantos meses depois, ainda acordo ocasionalmente com o som de um trem de carga no silêncio da noite, e profunda tristeza cai sobre mim. Hoje, quando escrevo, Valerie teria 16 anos. Sua mãe convidou-nos para jantar esta noite, e vamos compartilhar nossa amizade juntos. Mas não haverá respostas satisfatórias para as perguntas remanescentes.

Há, entretanto, alguma coisa mais.

Minha esposa e eu visitamos o túmulo de Valerie hoje cedo. Fomos lá para deixar um balão de gás dourado, uma simples demonstração à família e aos amigos deixados por ela: nós nos lembramos e nos importamos. Em frente à lápide, fui atingido pelo que declarava a inscrição. A mãe de Valeria planejou-a com muito cuidado. Estava escrito:

*SEGURA NOS BRAÇOS DE JESUS*

As perguntas não foram todas respondidas. A dor não passou. Mas onde seria compreensível haver amargura, existe, ao contrário, uma contínua e eloqüente declaração de fé. Pense nos terríveis segundos finais da vida de Valerie, e leia de novo a inscrição. Valerie está segura; ela jaz em braços fortes e amorosos.

O que faz uma simples mãe de luto pela filha adolescente expressar uma grata confiança em Deus, mesmo sabendo que Ele não respondeu a todas as suas perguntas? Ela tem certeza que Ele tem falado. O que ela ouviu daquela voz no passado - e agora - supera o que ainda não ouviu.

Eu estava no hotel conduzindo um planejamento de retirada para o quadro de funcionários, quando recebi a notícia que meu pai havia falecido. Estávamos num intervalo entre sessões, e eu conversava com um amigo e colega no *hall*, fora da sala de reuniões. Harold Myra, o presidente da companhia aproximou-se, deu-me a notícia suavemente e pôs os braços ao redor dos meus ombros, enquanto as lágrimas corriam.

Retornei ao quarto do hotel para telefonar à minha mãe e à minha esposa, e fazer os preparativos da viagem. No silêncio daquele aposento, tudo o que eu sempre tinha ouvido e crido de Deus caiu sobre mim. Deus não respondeu minhas perguntas - sem dúvida, mais coisas ainda viriam à tona - mas eu senti, como num pensamento, que Ele estava comigo naquele quarto.

Mais tarde, naquela noite, durante o vôo de quatro horas para a Califórnia, perguntei a mim mesmo o porquê. Por que Deus parecia perto, apesar do mistério, insensibilidade e dor? Deus parecia estar perto, me sustentando quando eu precisava, naquela hora e depois, como no passado, pois eu estava convencido de que Ele já havia falado. Deus tinha revelado a si mesmo, direcionando e cuidando, mesmo pensando no vazio frio e opressivo sentido então.

Quando Deus resolve falar, é proposital. Não é conseqüência da sua vontade permanecer em silêncio?

Recorro de novo à metáfora da revelação: Deus é chamado "luz"; mas em alguns casos somos levados a confiar nEle em meio à escuridão. Ou Ele irradia apenas luz suficientemente apropriada; assim sendo, damos as costas para a escuridão e seus perigos ocultos, e seguimos na direção onde cremos que Ele esteja.

Este é o mistério da revelação de Deus: às vezes aprenderíamos mais se primeiro buscássemos em vão por Ele nas trevas.

Este é o mistério do falar divino; às vezes Ele expõe seus pensamentos através do silêncio. Aparentemente, na mente de Deus o silêncio pode algumas vezes conduzir mais eficazmente a uma idéia do que palavras. O silêncio de Deus pode ser articulado.

Se o silêncio de Deus é deliberado, se sua falta de clareza ocorre de propósito, certamente nos colocamos em risco se assumirmos o controle da sua comunicação, ou nos tornamos amargos por sua revelação incompleta. Podemos, então, aprender no silêncio de Deus a determinar o que Ele está dizendo?

*Ó terra, terra, terra! ouve a palavra do Senhor.*
Jeremias 22.29

*Mas a palavra da pregação nada lhes aproveitou, porquanto não estava misturada com a fé daqueles que a ouviram.*
Hebreus 4.2

# Dois

# *Distração: Quando a Vida Clama por Deus*

Se Deus tem falado, se tem iniciado uma conversa conosco, como pede a fé, por que freqüentemente experimentamos a "bonança", e não o diálogo durante a conversação?

O que Deus tenta nos dizer quando prefere ficar calado? Por que não desce dos céus e fala conosco abertamente quando estamos magoados?

Olhando para nossas experiências perplexas, seria tolice pensar que Deus tem falado? É próprio dEle revelar a si mesmo?

Como lidar com o silêncio incômodo e "inoportuno" de Deus, que parece sufocar tudo o que Ele tem dito?

Para iniciantes, vamos falar claro: a comunicação tem dois lados; um transmite, o outro recebe. Se a mensagem não está fluindo, podemos culpar o transmissor, mas sensata e honestamente digo que devemos olhar também o receptor.

Tive um amigo que era exatamente o que podemos chamar de "distraído". Vi-o mais de uma vez, inocentemente, cortar a conversa com uma pessoa no meio da frase e iniciar novo diálogo com outro amigo que entrara no aposento. Normalmente ele seria rotulado pessoa "rude", mas não havia má intenção; era apenas distraído.

Mas qualquer um poderia ser tão facilmente distraído, tão perdido em seu próprio mundo? Uma carona com ele em seu velho Datsun punha todas as dúvidas de lado.

Entramos os dois no carro; coloquei o cinto de segurança, e ele colocou a chave no contato. O alarme do cinto dele soou, com a mesma intensidade com que o seu despertador toca às 5:15 da manhã. Mas ele não colocou o cinto. O alarme do carro fez um barulho estrondoso; contudo, começamos a viagem.

Hoje, se você ignorar o alarme do cinto de segurança - a campainha ou a voz - ele pára. Não o Datsun do meu amigo. O alarme continuava soando, soando. Eu não disse nada, e meu amigo distraído pareceu não tê-lo ouvido.

Todos nós somos um pouco parecidos com meu amigo. Distraídos - com o quê? Nossas necessidades, prosperidade ou limitações humanas - a voz de Deus é a última coisa em que pensamos prestar atenção. Ouvimos apenas um fraco e persistente som de alarme, distante, em algum lugar. Pensamos o que pode ser, e quando vai parar e nos deixar em paz. A ironia, algumas vezes está em precisar ouvir aquele som persistente que não conhecemos, mesmo sendo demorado.

Essa pode ser uma maneira de Deus revelar a si mesmo; é a natureza da vida deste planeta abafar a voz de Deus.

O que nesta vida ameaça ofuscar sua voz?

*É a cacofonia do sofrimento.* Ele aparece em silêncio quando a própria vida parece contradizer a idéia de um Deus bom. Se Ele é competente e generoso, dá-nos a impressão de que tem alguns esclarecimentos a fazer. Até nos esforçamos para ouvir sua voz, e nosso empenho é respondido pelos sons do silêncio. Face a nossas questões profundas e problemáticas, o silêncio de sua voz é desanimador. Por que suas respostas tem de vir a nós tão vagas e deturpadas, quando precisamos apenas que Ele se incline e fale gentilmente em nossos ouvidos? A cacofonia do sofrimento parece então sobrepor-se à voz de Deus.

*É a comemoração da prosperidade.* O silêncio de Deus não é apenas resultado de um clamor barulhento e cansativo pela sua voz. Nossos bons momentos também são turbulentos. Talvez até mais. O sofrimento pelo menos nos convence de que há algo errado. Durante a busca pelo refrigério podemos parar e checar nosso entendimento. Podemos, durante nossa depressão, ficar mais atentos, e então descobrir que Deus não é tão calado como pensávamos. Mas bons momentos não são tão maravilhosos. Eles nos acalmam em meio a um auto-envolvimento desordenado, no qual nossa concentração é tão auto-dirigida, que pode nunca nos ocorrer abaixar a música e acabar com a festa. Podemos jamais voltar a criar o silêncio, tão necessário se realmente queremos ouvir a voz de Deus. E a comemoração de nossos bons momentos sobrepõe-se à voz de Deus.

*É o equilíbrio da opinião.* Deus apresenta-se silencioso quando tantos clamam por Ele - ou falam por si mesmos - de maneira confusa e dolorosa. O interessante sobre equilíbrio é que geralmente ouvimos isto interligado com o sinal verdadeiro. É difícil receber - ou assimilar - o que está sendo transmitido, por causa da interferência.

Opinião é precisamente assim. O sinal divino é mascarado com todos os assobios e estalos provenientes das opiniões humanas.

Esse equilíbrio não é sempre proveniente de outras pessoas - sinais exteriores confusos atrapalham nossa atenção e fidelidade. Às vezes a falha está unicamente no receptor: nós. Achamos a mensagem desagradável. Às vezes sabemos que Deus falou, mas nos recusamos a aceitar. Apenas não gostamos do que Ele disse. Achamos difícil acreditar. Como poderíamos concordar com o seu comando ou estar à altura daquele padrão? Então fazemos algo sutil, talvez inconsciente, contudo claramente desonesto. Concluímos que Ele está em silêncio, e a voz de Deus é abafada pelo equilíbrio da opinião.

*É o desinteresse da troca de canal.* Algumas vezes somos privados de ouvir a voz de Deus por negligência, desinteresse ou falta de experiência e persistência em ouvir. Podemos até mesmo acreditar na Bíblia como Palavra de Deus, sabendo que temos apenas esta vida para aprender o que ela nos ensina, e ignorar isto. Apegamonos a algo remoto, e o transformamos em alguma outra idéia, filosofia, entretenimento ou diversão.

Algumas vezes temos consciência de que Ele falou. Em algum nível, pelo menos, temos ouvido sua voz. Mas nós ainda não aplicamos à nossa própria vida o que Ele tem dito. Deus tem falado, mas nós não temos tomado a palavra para nós. Estabelecemos uma relação entre o que Deus disse em geral, como a nossa experiência particular. E, além do mais, concluímos que Ele não tem falado - não conosco, pelo menos. Temos estado distraídos, abafando sua voz.

*É a surdez da limitação humana.* É tão claro como ser observado, mas nos esforçamos para ouvir a voz de Deus graças à nossa limitação humana. A voz de Deus emite vibrações para as quais somos mal equipados; é quase como se não tivéssemos ouvidos para ouvir. Simplesmente não assimilamos tudo que precisamos saber. Somos limitados, querendo ser preenchidos com algo que é infinito. Por isso algumas vezes Deus fica em silêncio quando mais desejamos uma palavra clara da parte dEle. Nossa falta de habilidade para ouvir, em certos casos, sufoca a sua voz.

Sofrimento, prosperidade, opinião, desinteresse e limitações humanas podem contribuir para o silêncio de Deus. Eles fazem sentido para uma explicação injusta. Distração e falta de habilidade podem ofuscá-lo. Mas seu silêncio é mais misterioso do que tudo isso.

*Porque está escrito: Destruirei a sabedoria dos sábios, e aniquilarei a inteligência dos inteligentes.*

*Porque a loucura de Deus é mais sábia do que os homens; e a fraqueza de Deus é mais forte do que os homens.*

1 Coríntios 1.19,25

# Três
# *Contradição: Conflito de Vozes*

Este não tem sido um ano tranqüilo para os membros de minha igreja. Há alguns anos havia um certo nível de insatisfação, mas eu pensava que setenta por cento da congregação não tinha conhecimento que estava surgindo um problema significativo. No final de dezembro havia uma brecha totalmente aberta. Um mês depois, no encontro anual, a igreja parecia estar em guerra. Mesmo com a ajuda de mediações externas, as coisas pioraram. Declarações, ataques e contra-ataques tinham abalado a igreja, provocando a saída de muitos membros, o que já vinha acontecendo gradativamente.

O mais notável não era o desentendimento, o que é de partir o coração. Com certeza, o drama de uma igreja tão estável e firme é estar às voltas com intrigas. É comum igrejas e denominações debaterem assuntos que percebem ter grave importância doutrinária. Mas, de domingo a domingo, eu observava a igreja dividir-se gradativamente por questões de caráter, estilo de liderança e questões insensíveis, magoando pessoas. A congregação tornou-se incapaz de concordar com o significado de perdão e as qualificações da liderança na situação. A igreja agora estava num impasse. Soluções bem sucedidas tinham-se dissolvido em meio à cenários derrotistas, enquanto a comunidade observava atônita.

Precisamos questionar: O que estava errado? Por que esses cristãos não se entendiam? A experiência fez-me pensar em como Deus estaria perplexo com nossa discórdia.

À primeira vista, a igreja não parecia estar sendo guiada por Deus. As decisões de crenças e práticas pareciam ter sido totalmente deixadas nas mãos de simples humanos que estavam fora de seus princípios, apesar de sua experiência. Mesmo numa igreja em conflito, requer-se dos dois lados fidelidade e subserviência à voz de Deus. Como Deus pode confiar a nós, meras pessoas, sua Palavra e seu trabalho, e permitir que falhemos completamente, para com Ele e uns com os outros?

No começo deste ano ausentei-me dos conflitos da igreja e das minhas responsabilidades regulares para ajudar um seminário na Europa Oriental. Tínhamos intenção de dar assistência a novas publicações, em seus esforços para criar material de orientação para a juventude, adequados àqueles países.

Assim como o resto do mundo, fiquei maravilhado com o colapso dos 70 anos de comunismo e o renascimento da liberdade. Infelizmente, como todos sabemos, a queda do comunismo não trouxe fim à discórdia e ao sofrimento. O caos econômico, o clima de nacionalismo e ética inadequados são noticiados diariamente.

Fiquei interessado na crítica de uma irmã croata, que expressou sua tristeza ao ver que os cristãos não estavam se esforçando para agarrar as novas oportunidades. Ela falava da tendência de permanecer sem se envolver, ou mesmo criticar outros crentes quando amor, tolerância e compaixão precisam ser unidos em força.

"Por um lado, o comunismo foi proveitoso", dizia ela. Ele construiu um muro ao nosso redor, e apenas assistimos ao fato. Não havia mais nada que pudéssemos fazer. E conseguimos toda essa simpatia do Leste. Agora, os muros foram removidos, e continuamos parados, agredindo-nos mutuamente.

Dispostos como eram os participantes de nosso seminário, ouvi mais de uma vez sobre a relutância geral das diferentes denominações em colaborar. Percebi que, sem considerar a localidade e toda aquela necessidade de união, parece que nos sentimos mais à vontade em nosso próprio território.

Não questiono a sinceridade no comando de nossas diversidades. Talvez sinceridade seja o ponto crítico do problema. Sustentamos nossas opiniões divergentes com obstinação, pois chegamos a elas por motivação sincera. Começamos pelas Escrituras, como a entendemos, e concluímos com pontos de vista muito diferentes, e demoramos para tentar reaver os elementos que podem nos unir de novo.

Minha experiência na Europa certamente colocou em perspectiva o finalizar a discórdia de nossa igreja. Mundialmente, conflitos e contradições são freqüentemente padronizados; até mesmo as questões de bom senso ou crença pessoal têm características doutrinárias. Dê-nos a Bíblia, um documento para nos unir, e, com toda sinceridade, acharemos meios para discórdias e divisões.

Estaria o problema somente em nós? Não poderia Deus ter-se expressado com maior clareza, ou então intervir para nos direcionar a um acordo? Então nos uniríamos diante do mundo observador.

Lamentavelmente, o modelo de interpretação desigual, que conduz a uma fé fragmentada, já tem história. Considere estas questões que dividem a igreja:

Será que Deus seleciona apenas certos indivíduos, e os favorece com a salvação? Ou as pessoas escolhem seu próprio caminho para o Reino de Deus?

Uma vez que a opção por Deus tenha sido feita, estes novos crentes estarão salvos para sempre da destruição espiritual? Ou cristãos pecadores podem perder a salvação?

São as mulheres suficientemente capazes de exercer liderança sobre os homens? Ou há algum decreto divino ordenando que só os homens exerçam o comando?

Estão Deus e sua Igreja ainda empenhados no trabalho de rotina, operando milagres? Ou os sinais miraculosos foram dados por um tempo limitado e específico na história da Igreja para tornar autênticas as pregações de seus fundadores?

Cristãos discutem sobre o que significa chamar Jesus de "Senhor"; quando e sob que circunstâncias Cristo retornará à terra, e se o obreiro que se divorcia e casa novamente pode dirigir igreja.

Pessoas há que reivindicaram o título de cristão, discordando da resposta apropriada para a comunidade e condição homossexual.

Cristãos não concordam com o melhor modo de governar a igreja, e argumentam sobre a necessidade dela estar envolvida em questões civis.

Igrejas divergindo sobre quantos símbolos sagrados há, e como devem ser observados.

Temos divergido sobre quem tem autoridade na igreja, onde se encaixam as tradições e qual a função que o Espírito Santo ocupa na vida da congregação.

A lista é visivelmente sem fim - tanto quanto a própria história da Igreja. Toda essa discordância é importante, pois todos os cristãos apontam para o mesmo documento como sua fonte de liderança e autoridade.

O que aconteceu de errado? Por que tanta divergência de perspectiva no que parecia ser fundamental à Igreja? Seria apenas o nosso entendimento limitado? Ou nossa tendência a discussões? Ou nossa relutância em deixar de lado idéias pré-concebidas e ler a verdade clara? Ou damos tanta atenção à coisas pouco importantes para Deus, que Ele nunca se preocupou em nos falar claramente?

Por que a Igreja se torna tão facilmente degenerada em Torre de Babel, aquele lugar de ambição desenfreada e línguas confusas?

Essas são questões genuinamente irritantes, que mexem com o silêncio de Deus e o nosso anseio de preencher os espaços vazios. Além do mais, estamos em condição de viver com as incompatibilidades e ambigüidades das Escrituras que nos amparam? Lutamos com elas, ou apenas as ignoramos? As frustrações freqüentemente causam conflitos na igreja.

Sim, no reino do debate doutrinário há muitas coisas sobre as quais Deus permanece em silêncio, como se preferisse ouvir as discussões a participar delas.

Ou talvez pudéssemos vê-lo como que presente em ambos os lados da questão, apenas assistindo às nossas discussões teológicas.

De qualquer modo, Ele poderia ter-nos dado um teste de equilíbrio racional-teológico. Precisamos enfrentar o fato e perguntar a nós mesmos: Por quê?

Precisamos também responder: O que perderíamos, se tentássemos realmente preencher os espaços vagos para Deus, que tem escolhido o silêncio - ou ambigüidade - sobre todas as questões?

Perderíamos nossa amizade, claro. E que mais perderíamos? O impacto total da voz de Deus?

Você entende por que me sinto dirigido a ouvir a voz de Deus - e ouvi-lo claramente - já que estamos atolados num lamaçal de conflitos e contradições?

O silêncio divino em nossas confusões teológicas parece quase manejável, comparado aos mistérios que surgem quando somos acometidos pelo arrependimento, e imploramos por uma palavra clara da parte de Deus.

*Ó profundidade das riquezas, tanto da sabedoria, como da ciência de Deus! Quão insondáveis são os seus juízos e quão inescrutáveis os seus caminhos!*

*Por que quem compreendeu o intento do Senhor? ou quem foi seu conselheiro?*

Romanos 11.33,34

# Quatro

# *Mistério: O Propósito do Segredo*

Ela veio como costumam vir as más notícias: num inesperado telefonema. A voz do outro lado da linha não estava histérica; de fato, para minha surpresa, parecia quase indiferente. Um irmão voluntário do Ministério de Assistência dizia que Carl e Sarah haviam morrido. Antes que eu pudesse recobrar o equilíbrio, ele acrescentou: "Foi um homicídio-suicida".

Terrível. Carl e Sarah não apenas congregavam conosco, eram bons amigos. Desempenhavam o papel de avós substitutos para nossos filhos, já que nossos familiares estavam a 2.000 milhas de nós. Comíamos, celebrávamos datas e trabalhávamos juntos na igreja.

Pensei imediatamente: "Como vou explicar à minha família?" Eu sabia que teria de contar imediatamente. A equipe de TV já estava na casa deles; apareceria no noticiário noturno e nos jornais matutinos. Além do mais, meu filho mais velho, um adolescente, sempre parava na casa do casal quando voltava da escola.

Era preocupante também, devido à formação dos nossos filhos. Aquela era a quarta casa em que morávamos; seus primeiros anos tinham sido traumáticos, e eles pareciam mais sensíveis a perdas. Sempre pensava no sofrimento que os garotos passaram, antes mesmo de terem idade bastante para entender por que se sentiam confusos e magoados. Meus instintos paternos me encorajavam a encontrar um meio de protegê-los desta tragédia, mas como?

Saí do trabalho assim que recebi a notícia, e contei-a à minha esposa, que compreensivelmente ficou chocada. Mais tarde, com dificuldade, tentei explicar aos meninos o que tinha acontecido. Eles ficaram perplexos, e me perguntaram: "Por quê?" E o que eu podia dizer? Em seu quarto, meu filho mais velho chorou em meus braços e disse: "Eles disseram que meu aniversário estava próximo". Tínhamos celebrado o aniversário de meu filho mais novo com Carl e Sarah em janeiro, o meu em fevereiro e o de minha esposa em março. Estávamos em abril, e eles estavam mortos antes da prometida quarta celebração. Por muitos meses, em alguns momentos, meu filho mais novo dizia: "Não compreendo como um homem pode matar sua própria mulher".

Este não é um livro sobre desgraça, mas relatei esta experiência por ser ela primordial em minha busca para entender a Deus e minha inclinação a "falar por Ele". Você pode sentir as limitações humanas e os limites da informação divina? O que você teria dito aos meus filhos? Ou à minha esposa? Ou para mim?

Será que Carl não era crente, apesar de tudo? Talvez tenha perdido a cabeça por não saber lidar com o estresse, pelo qual agora sabemos ele passava. Ou filosofamos e falamos sobre a decadência do mundo em que vivemos, sobre Deus permitir coisas que Ele não deseja que aconteçam? Posso dizer que não ouvi ou pensei em nenhuma resposta adequada.

Quando estamos exaustos, ou suplicando por uma explicação lógica relativa às Escrituras, o que recebemos? Um esclarecimento satisfatório, ou continuamos em meio a um mistério?

Os mistérios em torno do sofrimento e morte reafirmam a questão; vivemos a vida com o conhecimento limitado.

Há três meses, sepultamos meu pai, um veterano com 20 anos na marinha de guerra. Eu senti emoções profundas e confusas quando soou o "toque de silêncio", quando os rifles deram a sua saudação, e a bandeira foi tirada do caixão, dobrada com cerimônia e oferecida à minha mãe. E finalmente! Depois dos amigos deixarem o cemitério, fiquei por um momento em frente ao carro fúnebre, já que o corpo do meu pai estava no túmulo, e pensei quantas questões por resolver continuarão assim, palavras não faladas permanecerão da mesma maneira - ou pelo menos sem serem ouvidas.

Deus tem falado. Há provas disso nas Escrituras. Confio nEle e o amo, mas rejeito respostas muito antes de ter completado a última pergunta.

Há alguns anos, estive com um amigo que me descreveu a agonia de sua pequena filha doente. Até aquele momento, ele ainda estava tentando descobrir as dimensões daquela doença rara. Será que ela iria algum dia andar, falar, enxergar ou sorrir? Será que sobreviveria? Cada revelação médica traria profunda perplexidade e dor. Mas grande parte de seu sofrimento, ele afirmou, foi causado por informações parciais. Se ele pelo menos soubesse o pior, talvez pudesse se adaptar e achar uma forma de lidar com o problema. Mas, ao contrário, ele enfrentou a dor inseguro e descreveu-a desta maneira:

*Você pula ou cai na água, e fica surpreso com a sua profundidade. Você está fora de si, desorientado, tentando determinar a profundidade. Se puder apenas tocar o fundo, talvez consiga dar um impulso, e lutar para subir e respirar. Mas, e se não encontra o fundo? Então tem de lutar em meio a um pânico sem igual.*

Meu amigo ainda não achou o fundo de sua dor, e luta para reconquistar o senso de equilíbrio. Os médicos foram incapazes de dizer a ele como as coisas estavam ruins, e as informações parciais eram sufocantes. A cada novo exame, cada nova consulta, novas e más notícias são trazidas à luz.

Desde então, ele tem estado diante do túmulo não de um, mas de dois de seus filhos.

Ele não está sozinho na luta contra a informação incompleta. Viver é tatear um labirinto de questões dolorosas e respostas parciais. E, como Deus parece estar silencioso, seria tolice tentar encontrar a saída sozinho, sem Ele.

A voz de Deus é importante para mim, estou tentando entender seu silêncio, pois não posso, de outra maneira, compreender a vida. Eu poderia permanecer indiferente a Deus, e auto-suficiente, não fosse a vida tão dolorida e complicada. Ao contrário, tenho tido experiências que me fazem implorar por sua direção. O que ouço é parcial, explicações irritantemente inadequadas. Quando comparo minha experiência à revelação divina, sinto-me frustrado pelo que não entendi.

Deus pode ter-nos dado um rascunho do seu propósito, mas é exatamente como parece: um esboço, não uma obra completa. Então eu gostaria de uma audiência com o artista. Espero, mas o que ouço com freqüência é o seu silêncio, e estou tentando entender seu significado.

*As coisas que o olho não viu, e o ouvido não ouviu, e não subiram ao coração do homem, são as que Deus preparou para os que o amam. Mas Deus no-las revelou pelo seu Espírito.*

1 Coríntios 2.9,10

# Cinco

# *Linguagem: Traduzindo o Sobrenatural*

Conheço Larry desde seus tempos de escola. Acompanhei seus estudos, formatura em lingüística, casamento, e a decisão de adotar a África como lar. Sua intenção: passar a vida traduzindo a Bíblia, e trabalhar com alfabetização. Através dele, tenho entendido algo sobre disciplina de aprendizado.

Para Larry, e aqueles que desempenham trabalho similar, o objetivo é mudar para uma área que não tenha a Bíblia traduzida em sua língua natal. Estando lá, o objetivo é traduzir as Escrituras. Mas o primeiro trabalho, claro, é aprender a língua, um tedioso mas fascinante processo de construção do vocabulário e compreensão da estrutura da língua, através da atenção e observação cuidadosa.

É preciso prestar atenção a cada detalhe, ouvindo para determinar quando e como usar as palavras, e também como cada som é criado.

Você certamente estudou a ciência da lingüística, e agora, pondo em prática, nota que os sons são criados quando o ar é levado por entre os dentes, com a língua contra o céu da boca ou com o estalo da glote, e assim por diante. A partir desse ponto o alfabeto aparece naturalmente.

Você faz notas mentais e escritas sobre os fenômenos culturais. Vai ao supermercado. Trabalha no campo. Ganha a confiança do povo. Então, eles vão à sua casa e você à deles. E sempre, sempre você ouve.

Finalmente, sua paciência, observação, seus ouvidos treinados e atenção, todos começam a assimilar. Você não resiste, e começa a comunicar-se.

Gradativamente, laços de amizade são estabelecidos, e as barreiras culturais e lingüísticas diminuem. A comunicação torna-se mais que símbolos compartilhados ou troca de idéias. Vocês começam a entender um ao outro naquele profundo senso emocional, no qual as almas se comunicam plenamente. E tudo começa com o objetivo de aprendizado. A comunicação é aperfeiçoada e mantida, e tudo isto começa com a intenção de aprender.

Esta deve ser nossa conduta, se queremos ouvir a voz de Deus.

"Aquele que tem ouvidos, ouça", diz a Bíblia repetidamente. Mas, e aqueles que não têm ouvidos para ouvir? Muitos de nós. A maioria de nós. O que significa, então, "ter ouvidos"? Significa que estamos aptos e equipados para ouvir idéias a nós transmitidas por Deus em sua "língua".

Se queremos ouvi-lo, precisamos aprender a nova linguagem.

Uma grande parte do nosso problema com o silêncio de Deus é que observamos o mundo através de nossos cinco sentidos: tato, paladar, visão, olfato e audição.

Entendemos como processar as informações através dos sentidos, mas eles são muito limitados! Não somos capazes de perceber Deus através dos sentidos - não diretamente, pelo menos. Esta poderia ser a razão pela qual algumas pessoas encaram com perplexidade a criação, que nos revela Deus e seu poder, sem nunca considerá-lo. Ou lêem a Bíblia, ouvindo, contudo, apenas vozes humanas. Permanecem duvidosos da existência de Deus, sem falar na sua grandeza e amor.

Tocamos sua criação, vemos, provamos, cheiramos e ouvimos. Podemos, é claro, ler suas idéias e as descrições de seu caráter. Podemos testemunhar sua obra na vida das pessoas, e, assim, ver e ouvir sobre o Deus invisível e silencioso.

Mas, para conhecer verdades, nossos sentidos materiais são inadequados. Eles não podem nos levar muito longe. Há coisas sobre Deus que são discernidas espiritualmente, através de experiências de vida e das Escrituras, sim, quase um sexto sentido. Nossos sentidos físicos podem conduzir-nos apenas até a porta do caminho do entendimento, onde está Deus. Mas é o sentido espiritual que abre a porta e nos guia através dela.

Esta é a linguagem que precisamos aprender, se achamos que o silêncio de Deus é articulado, se aquele silêncio fala. Se não penetrarmos nessa dimensão espiritual, Deus permanecerá incompreensível; seus caminhos e palavras serão meros jargões.

Este discurso sobre sexto sentido pode soar algo místico. Mas a questão é: tal discernimento espiritual é fundamentado em idéias objetivas de que Deus tem falado conosco através de um documento - a Bíblia. Para que esse documento exista, e se torne fonte de discernimento espiritual, como Deus planejou - mesmo nas horas escuras e silenciosas, ou nos mistérios e contradições - precisamos fazer mais que lê-lo como a um livro ou jornal.

Lado a lado com nossas faculdades mentais, e além da nossa capacidade humana de processar informações, precisa haver disciplina espiritual e sobrenatural.

Este livro é um esforço em aprender essa linguagem. No próximo capítulo, começaremos a considerar caminhos pelos quais Deus tem falado - temos visto, também, que algumas vezes Deus fica em silêncio. Às vezes nos deparamos com mistérios e paradoxos sagrados. Se queremos aprender a linguagem de Deus, se queremos desenvolver esse sexto sentido, precisamos também lidar honestamente com os mistérios e contradições - experiências perplexas e idéias confusas. E o faremos.

Este livro não vai resolver tais contradições. Tais mistérios não vão pôr um fim à perplexidade. Mas como honestamente nos agarramos às questões, estando atentos ao sussurro da voz de Deus, podemos começar a ouvir o que Ele deseja, através do seu silêncio proposital.

É fora daqueles momentos em que nos esforçamos para ouvir a voz de Deus que a melhor percepção pode acontecer. Ela pode tornar-se a porta para um profundo entendimento da vontade e dos caminhos de Deus. Se apenas prestarmos atenção intensamente. Como lingüística penetrando em uma língua desconhecida.

Se apenas tivermos ouvidos para ouvir - mesmo no silêncio - podemos encontrar o silêncio de Deus para ser articulado.

Por onde vamos começar?

Vamos começar por onde começamos: do começo.

## Segunda Parte

# *A Voz de Deus*

### ***Pertence à natureza de Deus revelar a si mesmo***

*Não é que Deus não tem falado. Ele tem. Mas algo precisa acontecer dentro de nós antes que possamos ouvir sua voz.*

*Os céus manifestam a glória de Deus e o firmamento anuncia a obra das suas mãos. Um dia faz declaração ao outro dia, e uma noite mostra sabedoria a outra noite. Sem linguagem, sem fala, ouvem-se as suas vozes. Em toda a extensão da terra, e as suas palavras, até ao fim do mundo.*

Salmos 19.1-4

# Seis

# *Criação: A Voz Oculta*

"No princípio criou Deus os céus e a terra". Com estas nove palavras, a Bíblia inicia suas 1.300 páginas descrevendo o caráter, vontade e caminhos de Deus.

Ela não faz declarações obstinadas com provas exaustivas, apenas descreve os fatos como aconteceram.

Nem todos estão dispostos a aceitar o documento como ele é, claro. Alguns não se conformam com a soberania de Deus, e com o fato de que Ele criou todas as coisas.

E quem pode realmente provar uma ou outra afirmação? Não podemos voltar ao começo do universo e observar. A declaração permanece, e devemos aceitá-la ou rejeitá-la, mesmo sendo superficial, como também toda a narração bíblica da criação.

Mesmo os cristãos não se sentem satisfeitos com a limitada informação que receberam. Eles imaginam o que deduzir da linguagem utilizada, quando ela é literal ou figurada.

A comunidade religiosa tem compartilhado informações sobre a criação e o mundo natural pelo menos desde Nicolau Copérnico, um administrador da igreja, que publicou *Sobre a Revolução da Orbe Celeste*, em 1543, ano da sua morte. Copérnico desafiava o saber tradicional da época, e insistia que os planetas - incluindo a terra - giravam em torno do sol. A terra não é centro de todas as coisas apenas porque nos sentimos como tal.

O reformador Lutero estava entre os que discordavam da teoria de Copérnico devido à clara afirmação do Antigo Testamento. Josué não ordenou à terra que parasse, Lutero argumentava, e sim ao sol. O que nos mostra, a despeito da habilidade intelectual e fé bem intencionada, que o literalismo cego pode colocar-nos em dificuldades. Todos somos veementes quanto à necessidade de uma apreciação saudável, para que possamos viver a vida com poucas contradições pendentes e questões não resolvidas.

Mais tarde, depois de Galileu ter armado o seu telescópio e começado a passar as tardes observando as estrelas e os planetas, e esboçar suas descobertas, ele também se viu em dificuldades com a comunidade religiosa. Na suprema opinião da Igreja, as crateras vistas na lua e cuidadosamente registradas em seus desenhos feriam a reputação de Deus; eles descreviam os céus como imperfeitos. Naturalmente, Galileu também insistia, contrariando as opiniões, que a terra girava em torno do sol. Nove anos antes de sua morte, a Inquisição convenceu-o a negar suas conclusões "erradas". Histórias como estas nos lembram: algumas vezes precisamos escolher entre mente aberta e cabeça vazia.

Mesmo hoje, há aqueles que, na comunidade científica, divertem-se quando ouvem pessoas religiosas bem intencionadas descrevendo o cenário da criação, ocorrido há apenas poucos milhares de anos. Quando olhamos o céu à noite, vemos luzes que estão mais longe do que podemos imaginar. Poderíamos dizer, como alguns, que Deus obviamente criou o homem "maduro", com o passar do tempo, e assim nos apegar a tais princípios.

"No princípio criou Deus os céus e a terra."

Fico curioso sobre os detalhes, mas posso viver com informações limitadas sobre a metodologia usada e outras especificações. É suficiente para mim aceitar a afirmação. Deus o fez! Além do mais, a genialidade da criação do cosmo faz sentido perfeito para mim, considerando meus limites.

Folheando uma revista recentemente, encontrei esta nota: "Se o sistema solar fosse reduzido ao tamanho da Ilha de Manhattan, a estrela mais próxima - Alfa Centaurus - estaria a 5.500 milhas à frente, em Jerusalém". Sabemos, por exemplo, que viajando à velocidade da luz, poderíamos chegar ao sol em aproximadamente 8 minutos. Para chegar à estrela mais próxima, à mesma velocidade, levaríamos mais de 4 anos. Com nosso ritmo normal de viagem espacial, entretanto, levaríamos 100.000 anos!

Há pouco tempo, passei o dia no Adler Planetary de Chicago, e voltei perplexo com a busca da astronomia. Na biblioteca local, encontrei isto: "Se reduzíssemos o sol ao tamanho de uma cabeça de alfinete, o sistema solar encheria um grande aposento". Digamos que este aposento seja em uma casa de praia ao sul da Califórnia. Alfa Centaurus, a próxima estrela estaria situada na Ilha Catalina, 26 milhas à frente. Reduzida a esta escala, toda a galáxia teria 600.000 milhas de diâmetro. Mera suposição, é claro, pois ela é trilhões de vezes maior do que isto.

Que conta para uma galáxia!

Mas há mais de dez bilhões no universo observável.

"No princípio criou Deus os céus e a terra."

Neste planeta há mais de 317 milhões de milhas cúbicas de oceano e mais de 57 milhões de milhas quadradas de ilhas, todas habitadas por uma confusa sucessão de criaturas.

Cada simples célula de protozoário é incompreensivelmente diversa. Oitenta mil espécies tem sido descritas, mas há três vezes mais aguardando por mais análises exaustivas.

Fui à livraria à procura de um livro sobre borboletas. Tirei da prateleira um volume que ostentava fotos coloridas de 2.000 espécies. Duas mil! Fiquei impressionado. Ao lado deste havia outro com 5.000. Uma pequena lida, e soube que a ciência conhece mais de 10.000 espécies. Para catalogar as diferenças sutis seriam necessárias 20.000 fotos.

Para trazer algumas espécies a estudo, com tão variadas formas de vida, criamos nomes que a maioria de nós raramente usa. Somado a cães, gatos, pessoas, bichinhos de fruta e girafas, a terra abriga nogueiras, vermes, pântanos, grilos, cromótulas, congros, jascolomas, galos silvestres das montanhas rochosas, antas brasileiras, só para citar alguns.

Ao continuar minha leitura, deparei-me com uma intrigante observação: "uma coluna de ar de uma milha quadrada, começando 55 pés acima do chão e estendendo-se por mais de 14.000 pés, contém cerca de 25 milhões de insetos".

Há em torno de cinco a dez milhões de espécies diferentes de plantas, animais e outras formas de vida. Dado o trabalho formidável de descoberta e catalogação de todas as informações, é desculpável que a conta não seja mais precisa.

Além de tudo isso, existe a maravilha da criação atômica - o complexo sistema que se iguala ao universo, só que em miniaturas microscópicas.

Mas não é apenas a dimensão e complexidade que nos impressiona. Pense na maravilha da interconexão. Do equilíbrio dos ecossistemas à complexidade da biologia, a criação nos mostra que Deus é organizado. O sistema solar e as estruturas atômicas, flora e fauna - todos estão engajados numa intrigante e divina coreografia.

"No princípio criou Deus os céus e a terra."

Ele fez as pessoas. Pense sobre a glória da existência humana, e reflita no que ela diz sobre a glória do Criador. Realmente, pessoas podem ser decididamente discordantes, e também fascinantemente complexas, com cérebros que idealizam até mesmo computadores. Podemos pensar em tais idéias, e sentir-nos ultrajados com a desumanidade. Como estes indivíduos e civilizações adquirem um senso de consciência ou leis morais, se estas não foram, de alguma forma, instituídas pelo Criador pessoalmente?

Não é estranho que tais criaturas - mesmo com senso moral limitado - sejam subproduto de ímpetos irracionais?

"No princípio criou Deus os céus e a terra".

Quando penso na imensidão do universo, sou lembrado da inteligência superior da natureza. Quando olho ao meu redor, atingido pela diversidade e ordem de vida, fico impressionado pela criatividade artística da natureza. Quando olho para os seres humanos, fico em um dilema.

Criação fala de Deus, e Deus fala através da criação. Deixa, assim, clara indicação de que a natureza, toda ela, aponta para Ele. Deus tem escrito o seu nome no céu, na configuração dos *canyons*, na complexidade da biologia. Suas impressões digitais estão por toda a criação. Sua voz pode ser ouvida através das coisas que tem feito.

Criação, é claro, não é uma bela pintura uniforme. Quando você liga a TV em um programa sobre natureza, e vê um leão esfomeado devorando uma zebra ensangüentada, a natureza parece um tanto imperfeita. A sobrevivência adequada ao mundo animal é horrível. As pessoas também fazem coisas estranhas umas às outras.

A Bíblia sugere desperdiçado o desejo inicial de Deus para a criação, desde o colapso moral no Éden. A desobediência gerou tristeza e morte na história humana - a corrupção através da criação, seguindo todas as formas de desastre e seus cursos.

É notável ler sobre as conseqüências do comportamento humano expresso na natureza. O Novo Testamento explica: "Porque a ardente expectação da criatura espera a manifestação dos filhos de Deus. Porque a criação ficou sujeita à vaidade, não por sua vontade, mas por causa do que a sujeitou, na esperança de que também a mesma criatura será libertada da servidão da corrupção, para a liberdade da glória dos filhos de Deus. Porque sabemos que toda a criação geme e está juntamente com dores de parto até agora" (Rm 8.19-22).

Poeticamente, a Bíblia pinta um quadro da criação, onde leões e cordeiros interagem civilizadamente, crianças não têm medo de cobras, e o ciclo de ruína e morte é finalmente quebrado. Como testifica Romanos, a natureza ainda não é tão amável.

Se a voz de Deus na natureza parece muda, se as impressões digitais na criação parecem borradas, há uma boa razão. Mesmo porque os defeitos da natureza não permanecem, e a criação fala eloqüentemente do poder e majestade de Deus.

"No princípio criou Deus os céus e a terra."

Abro a Bíblia no livro de Romanos, e antes de chegar no meio do primeiro capítulo, leio estas palavras: "Porque as suas coisas invisíveis, desde a criação do mundo, tanto o seu eterno poder, como a sua divindade, se entendem, e claramente se vêem pelas coisas que estão criadas, para que eles fiquem inescusáveis".

Volto 617 páginas, no Salmo 19, e leio a mesma idéia, expressa poeticamente:

*Os céus manifestam a glória de Deus*
*e o firmamento anuncia a obra das suas mãos.*
*Um dia faz declaração a outro dia,*
*e uma noite mostra sabedoria a outra noite.*
*Sem linguagem, sem fala,*
*ouvem-se as suas vozes,*
*Em toda a extensão da terra, e as suas*
*palavras até ao fim do mundo.*
*Neles pôs uma tenda para o sol.*

A criação fala de Deus, e Deus fala através da criação. Se fôssemos transpostos para algum outro tempo, cultura e local, e privados da memória das Escrituras, mesmo aí a criação falaria. Mas, diria ela o suficiente?

Não é sem propósito que a primeira metade do Salmo 19 fale sobre a criação e tudo que ela declara sobre a glória de Deus. Também não é coincidência que a segunda parte do mesmo salmo comece com estas palavras:

*A lei do Senhor é perfeita,*
*e refrigera a alma;*
*o testemunho do Senhor é fiel,*
*e dá sabedoria aos símplices.*
*Os preceitos do Senhor são retos,*
*e alegram o coração;*
*o mandamento do Senhor é puro,*
*e alumia os olhos.*

A criação fala de Deus, e Deus fala através da criação, mas o que Ele diz aí, é apenas o começo da conversa.

*Toda a Escritura divinamente inspirada é proveitosa para ensinar, para redargüir, para corrigir, para instruir em justiça; para que o homem de Deus seja perfeito, e perfeitamente instruído para toda a boa obra.*

2 Timóteo 3.16,17

# Sete
# *Escritura: A Voz Segura e Incontestável*

Ainda recordo meu primeiro e mais intenso encontro com Deus. Eu tinha tido uma ou duas vagas experiências no passado, cheias de emoção ou remorso. Esta foi diferente.

Foi no alto da Sierra Nevada, sentado sob uma constelação infinita de estrelas, antes de um acampamento avivado.

A Bíblia estava em meu colo, aberta no Evangelho de Mateus, uma velha Bíblia na versão do Rei Tiago a mim presenteada por meus pais quando criança. Eu estava em um acampamento de uma semana com meu irmão. Ele tinha colocado a Bíblia no carro na última hora.

Naquela noite, não sei bem por que, tirei-a do carro, e li intensamente os 28 capítulos de Mateus sem parar. Li sobre a tentação de Cristo, seus ensinamentos, seus milagres, a ascenção e o colapso de sua popularidade. Quando li sobre sua aflição e horrível morte, senti como se lá estivesse, participando daquela decisão injusta. Ele estava morrendo por meus pecados, assegurando-me o perdão através do seu sangue.

Então, três dias após a morte, Ele ressuscitou, deixou o seu túmulo com vida. Fechei a Bíblia, abalado com a veracidade do fato.

Naquela noite, enquanto lia, a fé apoderou-se de mim, como nunca havia ocorrido. O Cristianismo tornou-se mais que uma religião, tornou-se vida. Comecei a ler a Bíblia com certa regularidade, sentindo que, assim, estaria recebendo mensagens da parte de Deus.

Menos de um ano depois, em uma manhã, eu estava no último posto da praia de Manhattan, na Califórnia do Sul, observando o infinito céu azulado e pensando no seu Criador. Senti-me dominado pela grandeza de Deus. Caminhei por toda a costa, sozinho, mas certo da presença de Deus. Orei alto, falando com Deus, como se Ele fosse meu melhor amigo, e eu estava certo de cada palavra minha.

Comprei minha primeira Bíblia comentada naquela mesma semana, despesa que me trouxe uma satisfação que jamais sentira. Não me sentia como se tivesse gasto dinheiro com um livro, mas investido em meu futuro. Esta convicção tinha nascido com a descoberta das palavras de Deus - um profundo senso do seu significado - expressas nas Escrituras. A aquisição de livros que encorajavam minha nova fé tornou-se uma paixão.

Em menos de um ano, adquiri o zelo por conhecer a Deus, intensificado ao longo dos anos. Este gênesis aconteceu naquela serra, onde tive a experiência da convicção: Deus se chegara a mim enquanto lia o seu Livro.

Minha visão sobre as Escrituras tem mudado com o passar dos anos, e é sobre esta mudança que sinto urgência em escrever agora. Eu não percebi naquele momento, mas desde o princípio de minha leitura bíblica, eu estava, de alguma forma, modificando a Bíblia enquanto lia - filtrando algumas idéias divinas, pois as achava aborrecidas ou confusas, enquanto prestava atenção em outras, pela sua qualidade inspirativa imediata. Eu lia a Bíblia de maneira seletiva, buscando vigor devocional - divinamente dirigido - que me sustentasse durante aquele dia. Sentia-me atraído em direção aos Salmos, os evangelhos e as cartas do Novo Testamento. Ocasionalmente, aventurava uma ida até o mais confuso território do Antigo Testamento, e, algumas vezes, minha busca era recompensada. Uma interessante frase em Jeremias: "Clama a mim, e responder-te-ei, e anunciar-te-ei coisas grandes e firmes, que não sabes", foi para mim uma homilética. Um simples, acessível e memorável conceito que poderia guardar comigo o dia todo.

Não estou depreciando a leitura devocional da Bíblia, realçando frases que nos parecem destacadas primeiramente por Deus quando as lemos. Também não estou dizendo que minha aproximação com a Bíblia estava errada, durante aquela fase da minha vida e peregrinação cristã. Creio que Deus se agradou quando senti seu Livro digno de atenção. Foi por este motivo que Ele nos deu a Bíblia, para que nela pudéssemos encontrar uma fonte de esperança e ajuda, e ouvir sua voz soando em nossos ouvidos enquanto lemos.

Entretanto, recordo-me de uma tarde quando percebi-me impaciente com relação a Bíblia. Eu tinha começado a ler o Antigo Testamento, não me recordo qual livro, creio que um daqueles chamados Profetas Menores, que parecem jamais conseguir a atenção devida.

Comecei a ler, e notei que minha mente estava vagueando. Em seguida, percebi que estava perplexo com todas aquelas palavras ridículas e impronunciáveis. Eu não conseguia compreender o que estava escrito, creio que apenas por não ter maiores informações sobre o assunto. Continuei lendo, suprimindo frases, procurando algo interessante em toda aquela conversa monótona. Meu tempo não seria desperdiçado se eu pudesse encontrar uma daquelas pequenas e brilhantes frases em meio a todas as outras. Se pudesse achar alguma citação de cunho devocional registrado ali... Não encontrei nada.

Fechei a Bíblia e, frustrado, coloquei-a de lado. Foi quando me conscientizei de estar impaciente com ela. Nunca deveria ter dito: "Por que ela contém tanta coisa inútil?" Mas era assim que eu me sentia.

Aquilo me aborreceu mais tarde, pois compreendi, que sem prestar atenção, eu me sentia daquela forma com freqüência. Por essa razão todo meu esforço de leitura bíblica tinha sido frustrado. Como ler cada palavra, sem sentir que estava desperdiçando meu tempo com Levíticos, por exemplo. Certa vez minha esposa teve um médico que, com um sorriso irônico, recomendava a leitura de Levíticos para curar insônia. Sinto-me um pouco culpado em admitir, mas pude comprová-lo.

Minha negligência às Escrituras começou a intensificar-se, no momento em que proferi em voz alta o que pensara silenciosamente. Abracei a questão seriamente - como questão, não acusação ou censura: Por que todas essas coisas sem sentido na Bíblia? Qual o propósito? Há tempos essas questões modificaram minha compreensão sobre Deus.

Algo estava acontecendo simultaneamente: as razões pelas quais eu lia as Escrituras começaram a ampliar-se. Antes, o que me conduzia à Bíblia era o anseio devocional. Eu era impulsionado pelo entusiasmo de uma nova amizade. Possuía uma pequena agenda para estudo bíblico. A sensação de triunfo a cada descoberta em tais devocionais me servia bem. Eu alimentava meu apetite de conhecer a Deus.

Como minha fé continuou a crescer, e minhas questões se firmaram, meu objetivo de leitura mudou profundamente - em alguns aspectos, pelo menos. Não deixei de admirar a Deus, nem mesmo depreciei nossos momentos juntos ao Livro. Mas comecei a notar pontos de tensão e incompatibilidade entre minha fé, como eu a compreendia, e a maneira como eu vivia. Agora, procurava nas Escrituras respostas para questões complexas e incômodas.

Descobri que toda a Escritura ia de encontro às minhas questões, de maneira mais eficiente e honesta do que a minha leitura seletiva. Minha aproximação casual, apenas levantando slogans devocionais fora de contexto, levaram-me a ocultar a voz de Deus, e optei por ignorar muita coisa do que Ele dizia.

Havia um objetivo para as idéias de Deus, que não tinha compreendido antes, pois me desligara do curso e amplitude da sua manifestação. Foi como se estivesse mantendo uma conversa com Deus, só que entrando e saindo da sala enquanto Ele continuava a falar.

Deixei de aprender coisas.

Agora, aliado a todos esses fascinantes detalhes por mim descobertos, temas mais importantes começaram a emergir. O processo foi gradativo, é claro, e requereu um estudo suplementar de história e geografia das regiões bíblicas.

Certas partes da Bíblia ainda me deixam confuso. Admito que você precisa ler os livros históricos do Antigo Testamento, por exemplo, com suas infindáveis genealogias semelhantes ou rituais peculiares e detalhados sob ângulos diferentes dos encontrados no livro de Salmos. Mas é preciso lê-los. Seria imprudente e rude não fazê-lo, além do mais, esse material faz parte de muitos assuntos colocados por Deus.

À medida que minha aproximação mudava, percebi que estava ouvindo algo sutilmente diferente em minha leitura. Ainda era a voz de Deus, mas estava ricamente articulada.

É justo questionar: Por que tanta preocupação com detalhes históricos e originalidades culturais, para simples declarações religiosas, instruções de auto-ajuda ou filosofia mística? Ao percorrer a Bíblia, você pode ler muitos parágrafos antes de se deparar com partes devocionais, o que me leva a crer não ter sido a Bíblia planejada para ser um livro estritamente devocional - como costumamos pensar sobre devocionais -, "para meditação". Muito mais profundo, contudo, sua penetração chega até nós em ocasiões simples, às vezes através de narrativas históricas e, no caso da profecia, com fantásticas declarações.

É bom fazer essas observações, mas, pelo menos para mim, a questão persiste. Por que a Bíblia é tão preocupada com a História?

Talvez para nos mostrar que uma vida pode fazer diferença. Leia a Bíblia, inclusive as partes que costumamos negligenciar. Deus trabalha até mesmo individualmente para mudar o curso da História, Noé construiu a arca, Moisés conduziu o êxodo, Davi governou uma nação, Daniel interpretava sonhos, Maria proclamou o Salvador - estes fatos, foram relatados cuidadosamente, num contexto de credibilidade histórica detalhada e peculiaridades culturais autênticas.

Em todas as épocas e culturas, as pessoas fazem a diferença. Se os livros históricos da Bíblia constituem a paternidade natural de Deus, é seu prazer revelar quem são os seus vasos, para que possam com Ele compartilhar as atenções.

Deus tem formado a História através de pessoas disponíveis. Ele ainda o faz, e quer que o saibamos. Ele vai usar você com prazer, ou a mim.

Por que a preocupação bíblica com a História? Para nos mostrar que Deus não está fora do ciclo de nossa experiência; Ele está ao nosso lado, em meio a tudo, revelando a si mesmo.

Transformar inspiração em slogan devocional é bom, e tem sua utilidade. Apegamo-nos a palavras que têm importância devocional, e, certamente, estas nos conduzirão nos dias da adversidade. Mas o enfoque bíblico específico na História e cultura lembra-nos que Deus está comprometido com nossa vida, à frente de nossos conflitos e preocupações, solucionando-os, não apenas por ser Deus, livre de restrições.

Ele trabalha no contexto histórico. As experiências que nos trazem satisfação, e as circunstâncias que nos levam à depressão, todas tem um propósito. Em todos os momentos, Deus levanta sua voz, para ser ouvido; ou a abaixa, para que prestemos atenção.

Por que a Bíblia se preocupa tanto com a História? É vontade de Deus saibamos que, a cada estágio da experiência humana, Ele tem expresso sua vontade e caminhos com enorme clareza e riqueza. A Bíblia é a história do amor de Deus pelas pessoas e sua maneira de comunicar-se com elas - também sua vontade de se fazer conhecer.

Deus falou através da criação, dos profetas que relataram suas palavras aos outros, mostrou seus planos através de sonhos e visões, ilustrou seus caminhos e prenunciou a vinda de Cristo através de rituais, cerimônias e leis; pediu à nação que ensinasse sua mensagem de geração em geração e de nação a nação, através de tradições orais cuidadosas; expressou suas palavras e idéias através de pessoas por Ele selecionadas para escrevê-las e passá-las adiante: "Havendo Deus antigamente falado muitas vezes, e de muitas maneiras, aos pais, pelos profetas, a nós falou-nos nestes últimos dias pelo Filho. A quem constituiu herdeiro de tudo, por quem também fez o mundo" (Hb 1.1,2).

Podemos dizer que tem sido o desejo intenso de Deus que ninguém chegue ao fim da vida sem conhecê-lo.

*No princípio era o Verbo, e o Verbo estava com Deus, e o Verbo era Deus. E o Verbo se fez carne, e habitou entre nós, e vimos sua glória, como a glória do unigênito do Pai, cheio de graça e de verdade.*

João 1.1,14

# Oito
# *Cristo: O Verbo se Fez Carne*

Suponho que o problema tenha surgido durante a comemoração de 4 de julho. Fui picado por um mosquito contaminado, e, poucas semanas depois, meu cérebro inflamou, e começou a inchar: uma virose infecciosa, que podia alterar-se severamente, chamada encefalite. Detectaram-na com o início da pior e mais persistente dor de cabeça que já tive - uma sensação de dor, pressão e tontura. Senti como se algo crescesse dentro da minha cabeça.

Depois de uma semana no Estes Park, minha família e eu estávamos a caminho de Denver, onde passaríamos alguns dias com uma colega de faculdade e seu marido. Minha esposa estava dirigindo; eu tinha o mapa aberto, e dava as coordenadas. Mas, como a dor de cabeça piorara, tornou-se difícil ficar atento até chegarmos à casa de nossos amigos, a pressão e tontura tinham piorado tanto que foi um desafio manter um diálogo.

Naquela noite, em meio a doses ineficientes de Tylenol, olhei meu relógio, ansioso por que amanhecesse. Pelas minhas estimativas, horas haviam passado, mas o relógio mostrava que tinham sido apenas mais 30 minutos. Era-me doloroso o travesseiro, e eu sentava de novo. Durante aqueles momentos de desconforto, orava a única oração capaz de fazer. Era reverente, desesperada e, suponho, eficaz. Apenas uma simples palavra:

"Jesus."

Orei esta oração repetida e suavemente naquela noite, e - não fico constrangido em dizer - protestando.

"Jesus."

De manhã cedo fui levado ao hospital. Depois da bateria de testes, o neurologista deu o diagnóstico e as instruções sobre o que fazer: nada. O vírus não tinha cura, e precisava de tempo para morrer.

Após uma semana no hospital (sentia-me pior no dia em que fui dispensado do que quando fui internado), iniciamos o percurso de 1.000 milhas até casa, minha esposa dirigindo, meu filho mais velho ao seu lado para fazer companhia. Meu caçula, que tinha chorado quase sem parar durante os últimos cinco dias, passou a viagem toda ao meu lado. Nós dois estávamos estirados em colchões de ar e sacos de dormir - estirados, quer dizer, tanto quanto nosso restrito e carregado carro permitia. (Durante a volta nossos últimos 200 dólares foram roubados do nosso quarto de hotel.)

Demorou mais de um ano até que eu retornasse à minha vida normal e ocupada. Até as folhas que caíam do pinheiro de Natal, cinco meses após minha internação, me acordavam, já que eu dormia espasmodicamente na cadeira-do-papai, na sala.

Durante aquele período, meu pensamento retornou várias vezes àquela oração de uma palavra. Foi tudo o que consegui pronunciar naquela noite no Colorado, quando a encefalite me ensinou o que significa realmente dor de cabeça. À medida que a dor aumentava, naquela primeira noite, eu era forçado a pronunciar aquela palavra, o nome do meu melhor amigo.

"Jesus."

O que mais me impressionou foi ter pensado naquela oração como inarticulada, que não traria melhora para meu desconforto, nem curaria a enfermidade, mas ela me deu calma interior e confiança.

Honestamente, não posso dizer que compreendo totalmente o que aconteceu naquela noite, enquanto orava. Foi para mim uma experiência espiritual intensa: pensar em seu nome, formar a palavra, pronunciá-la, sabendo que seria ouvido. Sim, esta é a razão pela qual fui confortado: estava convencido de que Ele tinha me ouvido, tão claro quanto minha esposa, preocupada e acordada ao meu lado.

"Jesus."

Enquanto escrevo, começo a recordar, e fico maravilhado de sentir sua presença e poder falar de Jesus como alguém real, próximo, majestoso, íntimo, poderoso e cuidadoso.

Quem é Jesus?

Lendo os evangelhos, vem-me a mente a idéia de um Jesus inigualável; vejo-o como um homem completo e, ao mesmo tempo, muito mais que isto. Humano, certamente, e diferente de tudo que tenho conhecido.

Surpreendentemente, a história de Jesus não é concluída com a sua morte ou mesmo com o abalo da terra que culmina em sua ressurreição. Não, estamos lendo os primeiros capítulos de uma história sem fim. Tanto que, um quarto de século após sua morte, Jesus é descrito desta forma: "O qual é imagem do Deus invisível, o primogênito de toda a criação; porque nele foram criadas todas as coisas que há nos céus e na terra, visíveis e invisíveis, sejam tronos, sejam dominações, sejam principados, sejam potestades: tudo foi criado por ele e para ele. E ele é antes de todas as coisas, e todas as coisas subsistem por ele. Ele é a cabeça do corpo da igreja e o princípio e o primogênito dentre os mortos, para que em tudo tenha preeminência. Porque foi do agrado do Pai que toda a plenitude nele habitasse" (Cl 1.15-19).

Quem é Jesus?

Quando o Novo Testamento começa a descrever a excelência sobre tudo que o antecedeu, palavras semelhantes são empregadas: "Havendo Deus antigamente falado muitas vezes, e de muitas maneiras, aos pais, pelos profetas, a nós falou-nos nestes últimos dias pelo Filho, a quem constituiu herdeiro de tudo, por quem fez também o mundo. O qual, sendo o resplendor da sua glória, e a expressa imagem da sua pessoa, e sustentando todas as coisas, pela palavra do seu poder, havendo feito por si mesmo a purificação dos nossos pecados, assentou-se à destra da majestade nas alturas" (Hb 1.1-3).

Quem, então, é Jesus? Ele é o criador e mantenedor do universo; Ele é o tema e o cumprimento da História; Ele é a última e mais completa revelação de Deus, pois Ele mesmo é Deus. Face a isto, é compreensível que Jesus seja reverenciado, e o achemos digno de adoração. É notável que o achemos também acessível. Além disto, quem é Jesus?

As palavras acima o mostram majestoso e sublime. As palavras a seguir retratam-no como eu o tenho conhecido, íntimo e cuidadoso: "Visto que temos um grande sumo sacerdote, Jesus, Filho de Deus, que penetrou nos céus, retenhamos firmemente a nossa confissão. Porque não temos um sumo sacerdote que não possa compadecer-se das nossas fraquezas; porém um que, como nós, em tudo foi tentado, mas sem pecado. Cheguemos pois com confiança ao trono da graça, para que possamos alcançar misericórdia e achar graça, a fim de sermos ajudados em tempo oportuno" (Hb 4.14-16).

Recebemos auxílio, graça e misericórdia, mesmo através da menor oração que possamos fazer.

"Jesus."

Enquanto escrevo, penso no silêncio e na voz de Deus. Estou ciente dos mistérios insondáveis e das contradições que não posso resolver. Mas minhas aflições são dissipadas quando medito na palavra mais clara de Deus.

"Jesus."

Pense por um momento em tudo o que Ele disse e fez. Considere sobre tudo. O silêncio de Deus é subitamente preenchido com voz, e voz com significado. As questões não foram dissipadas, nem todos os mistérios resolvidos, nem mesmo as contradições reconciliadas. Mas todas estas incógnitas são contextualizadas. Temos perspectiva. Só o pensar em Jesus já é como se Deus falasse, formando idéias sobre si mesmo em minha mente, respondendo a muitas questões e preenchendo grande parte do meu anseio.

Naquela noite dolorosa no Colorado, quando minhas orações eram limitadas àquele pequeno nome - Jesus - não pensei estar dando caráter teológico à minha experiência. Acho que, de alguma maneira foi o que fiz. Ao suplicar a atenção de Jesus, não estava apenas invocando seu nome. Havia uma conexão espiritual com Ele, difícil de compreender, impossível de explicar. Mas, principalmente, aquela oração me trouxe à mente tudo o que eu cria de Deus, expresso no ilimitado e sucinto nome, Jesus. Eu não teria tido energia ou concentração para descrever isto, mas ouvir minha voz clamando seu nome trouxe-me conforto, não apenas por Ele ter-me ouvido, mas porque eu o ouvi. Ouvi seu nome, o que me fez lembrar do caráter e natureza daquEle a quem eu tinha já confiado minha vida.

Agora, quando penso em Jesus, ouço a voz de Deus a declarar, por exemplo, que Ele está perto. Ele mostrou-se a si mesmo, revelou-se. Ele pode ser conhecido.

O que me impressiona é a perfeita revelação da pessoa de Deus e de como Ele é, e que não se trata apenas de alguma grande demonstração inundando o universo. Finalizando estas declarações sobre a pessoa de Deus, ele se enclausurou na cápsula da humanidade. O Deus Criador adaptou-se ao útero de Maria. O Deus Todo-poderoso cresceu em sabedoria e estatura como criança, adolescente e adulto. O Deus Soberano foi mal entendido, repudiado e rejeitado. O Deus Majestoso sofreu humilhações. O Deus Eterno escolheu ter uma vida curta.

O Deus Infinito poderia compreender-me perfeitamente sem essas experiências; mas sei que Ele me entende por causa delas.

Quando vejo a distância que Ele percorreu, em amor, por querer alcançar-me, sei que agora posso alcançá-lo. Ninguém está fora do alcance de seu cuidado. Prostitutas, traidores, rejeitados, loucos, endemoninhados, fanáticos, religiosos e cidadãos honestos. A fé coloca-nos em igualdade.

Quando pronuncio o nome de Jesus, ou quando o ouço, imagino Deus revelando a si mesmo, e me convidando a conhecê-lo. Este nome não sugere apenas revelação, como também mistério, pois, ao pensar em Jesus, a voz de Deus me diz que Ele não espera necessariamente ser entendido.

Quando pronuncio ou escuto o nome de Jesus, penso em Deus como mistério e também revelação. Ao clamar por Ele, especialmente nas lutas, passamos a conhecê-lo como um Deus de segredos e revelações.

Talvez a vontade de Deus seja revelar-se, mas Ele sabe que podemos rejeitar ou mesmo ser incapazes de aceitar a verdade. Não posso ler os evangelhos sem sentir os limites da linguagem, da mente, da en mente, da fé. Jesus expressou o que pode frustração, quando seus discípulos ficavam ouvir" e "lentos para entender". Eles não assimilavam a idéia, quando Jesus repetidamente se referia à sua própria morte e ressurreição, por exemplo; parecia que eles só ouviam o que queriam, ou apenas o que se julgavam capazes de compreender. Sabiam que Jesus falava com autoridade, o que não significa que estivessem sempre conectados com o âmago da mensagem. Parece que nem mesmo Cristo podia fazer compreensíveis suas idéias, nem seus ouvintes entendê-las completamente.

Jesus algumas vezes parece confortável, mesmo sendo mal compreendido. Quando eu era garoto, os professores da escola dominical explicaram que Jesus falava através de parábolas para que suas idéias fossem compreendidas com mais facilidade. Quando fiquei um pouco mais velho, descobri que Ele falava por parábolas para confundir as pessoas de "mente fechada" (Mt 13.13,14). Ele foi mal interpretado pelos ouvintes quando fez a referência simbólica sobre "comer sua carne e beber o seu sangue", deixando-os escandalizados, pois relacionavam seu discurso com canibalismo ou coisas semelhantemente estranhas (Jo 6). E, na noite de sua aflição, recusou-se a falar até mesmo com Herodes (Lc 23.8,9).

Uma profecia cumpriu-se em Jesus: "Abrirei em parábolas a minha boca, publicarei coisas ocultas desde a criação do mundo" (Mt 13.35).

E o Mestre orou: "Graças te dou, ó Pai, Senhor do céu e da terra, que ocultaste estas coisas aos sábios e entendidos e as revelaste aos pequeninos. Sim, ó Pai, porque assim te aprouve" (Mt 11.25,26).

Por que Jesus operaria milagres com tanta freqüência, já que em nossas experiências atuais costumamos recusáos? Não é apenas uma questão de fé, pois a vida costuma ofuscar a fé que clama por eles.

É complexo e contraditório que Jesus tenha executado pelo menos um milagre que sugere sua superioridade sobre determinada circunstância, ou que tenha negado um milagre alusivo ao mistério que aviva seu propósito. Já que a contradição é intencional, clamo por um esclarecimento, pois confio na mente daquEle que retém o mistério.

A fé pode não aliviar o fardo do sofrimento, contudo ensina-me que o propósito de Deus pode ser diferente da minha vontade.

Jesus declarou: "No mundo tereis aflições, mas tende bom ânimo, eu venci o mundo" (Jo 16.33). Nesta afirmação há mistério, nesta declaração há propósito.

Quando penso em Jesus, a voz de Deus me diz que Ele está aqui comigo, mesmo em meio a confusão. Ontem, lia as palavras de Jesus, e fui atingido por uma promessa valiosa: "Não vos deixarei órfãos". Ele estava prometendo um Consolador, o Espírito Santo, que nunca nos deixaria (Jo 14). Dê-se à declaração o devido valor. Entenda-se o que ela diz sobre a natureza de Deus. Nas horas difíceis, quando dor ou aflição nos deixarem em meio a um mistério, o que a voz de Deus nos diz? Perguntas podem permanecer sem respostas, contradições sem soluções, mas Deus diz: "Não vos deixareis órfãos".

E se a única oração que conseguirmos fazer for apenas: "Jesus", Ele estará presente para responder, mesmo silencioso.

*Porque o Espírito penetra todas as coisas, ainda as profundezas de Deus. Ora o homem natural não compreende as coisas do Espírito de Deus, porque lhe parecem loucura; e não pode entendê-las, porque elas se discernem espiritualmente.*
1 Coríntios 2.10,14.

# Nove
# *Espírito: Intérprete Interior*

Enquanto escrevo, auxílios materiais estão começando a ser despejados no sul da Flórida, após a destruição provocada pelo furacão Andrew, há apenas uma semana. O jornal *Today's* resume a angústia e também a determinação, já que todos contemplam um novo começo, após o prejuízo de bilhões de dólares. Uma família falou por 180.000 pessoas ao pintar no muro de uma casa em Homestead o seguinte apelo: "Por favor, não nos esqueça, ainda estamos vivos".

Não é igualmente freqüente o nosso clamor pintado em nossa bandeira de fé: "Por favor, não nos esqueça, ainda estamos vivos"?

Na primeira página do mesmo jornal, li sobre a violência étnica da Bósnia. Um simples morteiro lançado sobre a feira-livre da cidade, na Assembléia Legislativa, domingo de manhã, matou 15 pessoas, feriu muitos outros e destruiu as recentes iniciativas de paz.

Tudo relatado na primeira página - vida no planeta problemático. Leia sobre a supremacia branca retirada em Idaho; sobre os esforços para a rendição da Somália, sendo frustrados por ladrões mercadores; sobre as forças iraquianas, tencionando uma ofensiva terrestre contra os xiitas rebeldes; sobre o trabalho pesaroso e o problema econômico na América.

Os dias passam, as manchetes mudam. Mas o modo é o mesmo. O sofrimento humano avança para o futuro, assim como tem ocorrido no passado. E a voz de Deus é abafada.

"Não vos deixarei órfãos", prometeu Jesus. Mas, como estamos, para lidar com esta promessa? Estamos aptos para ouvir a voz de Deus?

À hora do almoço, sento-me sozinho em um restaurante próximo ao meu escritório. Sem querer, ouço pessoas expondo seus problemas, atrás de mim e na mesa à minha esquerda. Atrás, um casamento está se desintegrando; à esquerda, mãe e filha adulta planejam uma estratégia para confrontar o pai alcoólatra e violento.

O que significa a promessa de Cristo, de não nos deixar órfãos, neste caso, em meio a um contexto de brigas e dissensões?

Não é apenas a tragédia que nos leva a questionar. As vezes é o tédio. Há algumas horas, minha mãe telefonou-me para contar sobre o prejuízo causado por uma torneira de água no quintal. Com água jorrando do cano, ela tentou fechar o registro, que, é claro, não se moveu. Um vizinho bem intencionado chegou com uma chave de cano e fechou, não a água, mas o gás. Ele corrigiu o erro, mas agora os comandos internos tinham de ser religados. Minha mãe, não querendo incomodar mais, liberou o vizinho; ela poderia ligar alguns registros. Mas agora, como Derrell acenderia o aquecedor? Ela sentiu a necessidade de chamar o técnico da companhia de gás, logo após perceber que teria de esquentar a água para poder usá-la.

Estes não constituem grandes traumas, mas somados ao tédio contribuem para o estresse. A promessa de Jesus parece distante quando dos imprevistos monótonos e pequenas controvérsias do dia-a-dia.

Onde se encaixa a voz de Deus nestes desafios diários?

Escrevo sobre dificuldades que tenho enfrentado - doença, sofrimento e confusão - e declaro que tenho sentido Deus muito perto. É verdade. Mesmo que não sinta sua presença sempre, sinto seu silêncio. E, além disso, não sei quais dificuldades vou enfrentar amanhã. Não conheço o futuro, e o passado tornou-me cético sobre aqueles que prometem uma caminhada tranqüila em troca de fé convicta.

Nem mesmo Jesus prometeu paz e conforto nos piores momentos, nas horas escuras.

"Não vos deixareis órfãos".

É interessante que Jesus tenha dito essas palavras aos seus amigos apenas algumas horas antes de clamar: "Meu Deus, meu Deus, porque me desamparaste?"

Não foi sentimento de abandono que expressou na cruz?

Jesus prometeu aos amigos: "Não vos deixarei órfãos", pois sabia que brevemente eles iriam precisar de proteção e conforto. Estou convencido de que Jesus sabia que eles não iriam sentir esse conforto todo o tempo, mesmo tendo sido avisados de que não lhes faltaria.

Jesus demonstrou essa ironia na mesma noite em que fez a promessa: "Eis que chega a hora, e já se aproxima, em que vós sereis dispersos cada um para sua parte, e me deixareis só, mas não estou só, porque o Pai está comigo" (Jo 16.32). Esta era sua fonte de consolo: "O Pai não o desampararia". Em poucas horas, as circunstâncias mudariam, e seus sentimentos seriam sufocados pela mudança. E, em angústia, clamou: "Meu Deus, meu Deus, por que me desamparaste?"

Há um profundo mistério teológico por trás destas afirmações contrastantes: "Meu Pai está comigo" e "Meu Deus, por que me desamparaste?" Não quero menosprezar a inimaginável - e única - agonia de Jesus, pois, mesmo sem pecado, morreu com o peso dos nossos pecados sobre si. Apenas quero realçar que Cristo entende o conflito de emoções que a vida traz, pois Ele mesmo passou por isto.

Assim como Jesus, clamamos por conforto e recebemos, e, até mesmo como Cristo, podemos lutar com sentimentos de abandono. Mesmo que pareça distante, Deus está perto. Mesmo sentindo-nos desamparados, Ele nunca nos deixará. Mesmo que nos sintamos órfãos, seremos sempre bem-vindos à família de Deus.

Em agonia, mesmo perguntando por que, Cristo proferiu a questão com intimidade e confiança, não acusando incredulamente.

"Meu Deus."

"Meu Deus."

Posso lutar com dúvidas sufocantes. Posso questionar o propósito de Deus. Nas piores experiências e circunstâncias Ele permanece:

"Meu Deus."

"Meu Deus."

Adquiro confiança e "material" durante os momentos de medo e dor, pois é exatamente desta maneira que a promessa de Deus chega até nós. "Não vos deixarei órfãos", Ele disse, enquanto declarava que haveriam momentos de trevas profundas.

Algumas horas antes de sua prisão, Cristo falou sobre a traição que iria sofrer, a rejeição, morte e seu futuro além da morte. Ele avisa aos amigos que eles enfrentarão ódio, perseguição e tumulto, mesmo que proclamem o amor, permitam a paz, conforto e até alegria.

Reviva as horas finais de Cristo. Coloque-se no lugar de um de seus discípulos. Ouça o que parecem ser suas palavras finais. Sinta a apreensão tomando conta de você, o aperto em seu peito e o arrependimento em sua mente. Você mal pode acompanhar o que Ele diz, pois está tomado por medo e confusão. Você se agarra às suas palavras como a uma névoa densa - você se agarra e espera.

"Não vos deixarei órfãos."

"Não vos deixarei órfãos."

Esta foi sua promessa. Como Ele tenciona cumpri-la? E o que isto significa sobre a voz de Deus?

Pense novamente na última noite de Cristo com seus amigos - com você. À tarde, com o passar das horas, sua força enche você de pressentimento. Ele interrompe a ceia para profetizar a traição. Ele recusa a lealdade de Pedro: "Tu darás a tua vida por mim? Na verdade, na verdade te digo: não cantará o galo enquanto me não tiveres negado três vezes" (Jo 13.38). Contrastando, suas próximas palavras são: "Não se turbe o vosso coração" (Jo 14.1). Por toda a tarde, Ele fala várias vezes sobre morte; alguém poderia perfeitamente achar mórbido, e você já sente angústia e aflição. Ele diz: "E eu rogarei ao Pai e ele vos dará outro Consolador, para que fique convosco para sempre" (Jo 14.16). Mas você não quer outro Consolador; você quer a Ele!

Ele fala de paz e oferece segurança, mas é tão difícil ouvir boas novas quando más notícias estão sendo anunciadas.

Finalmente, Ele fala com mais clareza: "Antes, porque isto vos tenho dito, o vosso coração se encheu de tristeza, todavia digo-vos a verdade, que vos convém que eu vá, porque, se eu não for, o Consolador não virá a vós; mas se eu for, enviar-vo-lo-ei" (Jo 16.6,7).

Toda vez que leio as Escrituras, fico maravilhado pela voz de Deus. É exatamente o que acontece agora: "Vos convém que eu vá". Por que sua ida seria conveniente?

Sempre penso como deve ter sido ser amigo chegado de Jesus. Mesmo aqueles que recusam o título - "cristão" - ficam impressionados com Jesus. E com toda razão. Considere o que Ele disse, como Ele era, seus ensinamentos sobre elevados padrões morais. Ele viveu a vida irradiando ternura que atraía crianças e curava as feridas com facilidade. Enfrentou a morte resoluto, com tamanha determinação e propósito, que colocou-se no comando daquilo que poderia ter sido considerado uma falha - mesmo provado que era seu grande sucesso.

O que poderia ser melhor que a amizade entre os discípulos e Jesus? O que você aprenderia no lugar deles, conhecendo-o, andando com Ele, ceando com Ele? Haveria algo melhor do que poder atravessar as multidões e fazer-lhe uma pergunta urgente, ou alcançá-lo para um toque curador?

O que poderia ser melhor do que ter Deus entre nós?

O que poderia ser melhor?

Ter Deus *dentro* de nós.

Foi esta a promessa de Jesus, a fonte de conforto permanente que Ele garantiu. Este foi seu desígnio: plantar a voz de Deus dentro das pessoas de fé: "E eu rogarei ao Pai, e ele vos dará outro Consolador, para que fique convosco para sempre. O Espírito de verdade, que o mundo não pode receber, porque não o vê nem o conhece: mas vós o conheceis, porque habita convosco, e estará em vós. Não vos deixarei órfãos, voltarei para vós. Naquele dia conhecereis que estou em meu Pai, e vós em mim, e eu em vós" (Jo 14.16-18,20).

Jesus podia ser tão enfático ao declarar: “Não vos deixarei órfãos”, porque seu plano era não nos deixar sem Deus.

Pensemos no que Jesus disse, precisamente; nós, que cremos ser Deus totalmente soberano; seu espírito agora habita em nós. Deus expressa a nós sua mente, sua vontade, e transmite seu amor. Se Deus realmente vive em nós, será que vivemos a vida como achamos correto?

Se Deus atualmente estivesse expressando sua vontade a nós, revelando sua mente e transmitindo seu amor, será que esperaríamos fosse Ele tão silencioso e quieto? Se Deus vivesse em nós, e com certeza o saberíamos, sua voz não iria surgir quando estivéssemos em meio à lutas, dúvidas e confusões? Não soaria com tamanha clareza, confrontando perplexidade humana com perspectiva? Não queimaria como fogo através dos mistérios da vida? Não abalaria as estruturas da opinião humana até suas fundações?

Se Deus habitasse em nós, sua voz não se sobreporia a todas as vozes conflitantes de nossas experiências? Poderíamos duvidar que vivesse em nós, se Ele vivesse em nós?

O que acontece quando você está totalmente sozinho, e vem o sofrimento, e a sombra da dúvida começa a envolver sua fé, e são apenas você e Deus?

Elias, o profeta, vivenciou o que era uma exceção clara: um dos raros milagres do Antigo Testamento. Mas não se passaram muitas horas até que entrasse em profundo desespero e dúvida. Ele precisava de um conforto que só Deus poderia dar. E a clara e memorável demonstração da voz de Deus, no deserto, encorajou-o, e creio que a nós também: “E ele lhe disse: Sai para fora, e põe-te neste monte perante a face do Senhor. E eis que passava o Senhor, como também um grande e forte vento que fendia os montes e quebrava as penhas diante da face do

Senhor; porém o Senhor não estava no vento; e depois do vento um terremoto; também o Senhor não estava no terremoto; e depois do terremoto um fogo; porém também o Senhor não estava no fogo; e depois do fogo uma voz mansa e delicada" (1 Rs 19.11,12).

Quando Elias ouviu a voz mansa e delicada, sabia estar ouvindo a voz de Deus. Ele nunca esqueceria: a vida é barulhenta; Deus é silencioso. Presente, mas silencioso.

Cristo prometeu nunca nos deixar órfãos. A promessa é vivenciada por aqueles que crêem, pois são templo do Espírito Santo. O mesmo Espírito, que habita em nós, convence-nos da voz de Deus. Mas geralmente ela nos fala mansa e delicadamente.

*Porque quem conheceu a mente do Senhor para que possa instruí-lo? Mas nós temos a mente de Cristo.*

1 Coríntios 2.16

# Dez
# *Discernimento Espiritual: A Mente de Cristo*

O que significa dizer que Deus fala, mas que sua voz pode não passar de um sussurro? Ou dizer que Deus é silencioso, mas seu silêncio é articulado?

Significa ao menos uma coisa: Deus não é indiferente às nossas necessidades nem mesmo relutante em falar. Ele pode não se manifestar com relação a certos assuntos de nosso interesse, nem conciliar todas as contradições, nem resolver todos os mistérios.

Podemos experimentar o silêncio.

Mas Ele tem falado.

Há muito mais para ser ouvido da voz de Deus do que temos absorvido. Temos recebido muito menos do que tem sido transmitido.

Podemos preocupar-nos com o silêncio, ou prestar atenção à voz suave de Deus, aprender sua linguagem, e pensar nos mistérios que agora se tornam segredos abertos a todos quantos têm ouvidos para ouvir.

Soren Kierkegaard, filósofo e teólogo dinamarquês, tinha uma maneira ímpar de processar pensamentos e expressar idéias. Suas parábolas são tão inteligentes quanto penetrantes. Parece apropriado explicá-lo aqui.

Um camponês descalço viajou para a cidade a fim de ganhar algum dinheiro. Seu dia na cidade foi tão lucrativo que ele pôde comprar seu primeiro par de sapatos e meias, e também se embebedar. Ao cair da noite o camponês embriagado estava compreensivelmente exausto. Quando tentou achar o caminho para casa, dormiu no meio da estrada.

Mais tarde, uma carroça aproximou-se. Avistando o bêbado na estrada, o condutor gritou: "Saia do caminho, ou vou atropelar suas pernas!" O camponês acordou atordoado, e olhou para suas pernas. Mas, uma vez que não estava acostumado a ver sapatos e meias em seus pés, gritou: "Pode atropelar; não são minhas pernas!"

Kierkegaard levantou a questão: "Como falar de vida espiritual a alguém que nem mesmo sabe que tem uma alma?"

Muitos de nós sabem que têm alma, mas de certa forma somos estranhos a isto - à nossa própria essência espiritual. Como estamos, para perceber quem realmente somos, para ouvir o que Deus está dizendo?

Não me considero um evangelista aéreo, mas enquanto viajo, ocasionalmente me vejo às voltas com assuntos interessantes. Anos atrás, tive uma dessas conversas antes mesmo de decolarmos do Aeroporto Internacional

Washington's Dulles. A conversa fluiu naturalmente e sem esforço em direção a assuntos eternos, antes que o 727 alçasse vôo. E continuou, sem interrupção, por horas até alcançarmos nosso destino.

Diana era uma garota de aproximadamente 20 anos. (Digo "garota" e não "moça" pelo seu ar de adolescência.) Estava 1.500 milhas separada de seu filho de um ano e 11 meses, ao qual tinha dado à luz sem casar. O bebê era cuidado por seus pais, e ela ainda não tinha conseguido se entender muito bem com eles. O pai do bebê, desinteressado da situação, ou mesmo da paternidade, partiu, alegando que não a amava mais. Diana trabalhava horas a fio, tentando conseguir dinheiro suficiente para requerer a guarda do filho, mas era difícil esperar. Enquanto isso, bebia muito e se apegava a amigos incapazes de dar-lhe o auxílio necessário.

Sua busca por si mesma e por algum significado nos olhos das pessoas tinham-na guiado a sucessivas perdas. Para esconder seu senso de inutilidade, começara a fazer negócios escusos. Durante quase dois anos, a imagem dos pais cuidando de seu filho não lhe saía da cabeça.

Diana voltava de visitar os pais e o filho, esperançosa em estar apta a retornar, dentro de alguns meses, para aquilo que sabia ser sua responsabilidade. Mas ela não estava preparada para desvencilhar-se de suas influências negativas, responsáveis por sua decadência.

Durante duas horas falamos sobre Deus, sobre seu amor e o poder de perdoar e dar um novo começo, e também sobre a viabilidade da ajuda de um conselheiro profissional. Ao falarmos de Cristo, pude notar que algo tocava no profundo do seu ser, diferente de sua experiência em criança, talvez. Contudo ela parecia achar a fé intrigante; havia um conflito de valores, fidelidade e idéias dentro dela. A mudança torna-se difícil quando a vida parece gritar, e Deus parece falar mansamente. Desci do avião, e fui em direção ao desembarque das bagagens com dois pensamentos. Estava maravilhado com a diferença que a fé fazia em minha vida, e como vivia e pensava com outros padrões. Lembrei-me disto ao expor minha fé para Diana e comparar minha experiência à dela. Como minha vida tem sido diferente! A fé tem-me ensinado coisas, as quais muito me têm acrescentado em conhecimento. Os pensamentos de Diana eram dolorosamente conturbados, e os valores que a tinham guiado a padrões destrutivos são firmados na cultura contemporânea.

Esse pensamento permaneceu em minha mente por horas, e durante semanas ainda me lembrava dele algumas vezes. Esta é a razão pela qual recordo o incidente com tamanha clareza, tantos meses depois. Diana aceitou grande parte da Bíblia como fato, e isto deu-lhe novas perspectivas, mesmo não tendo cruzado a linha. Ela viu que seu comportamento era auto-destrutivo, e deu lugar ao amor e sabedoria de Jesus. Ela não poderia por si mesma influir nesta informação, para personalizá-la em fé, e tomá-la para si.

Embora frustrante, esta não é uma novela. Tenho observado tais fatos muitas vezes. Isto me faz pensar como é difícil romper com as coisas que dispersam nossa atenção, por algo que realmente precisa dela, nossa alma.

Pensando bem, o incidente faz-me pensar que também sou inclinado a fazer o mesmo. Podemos refletir sobre a nossa situação para falar sobre assuntos espirituais a alguém que nem mesmo está ciente de possuir uma alma. Mas nós, que conhecemos a confiança espiritual, necessitamos perguntar-nos por que a voz de Deus atrai tão pouco nossa atenção. Digo que sou uma pessoa de fé, creio que Deus tem falado, mas o que tenho feito com a informação já ouvida e a que ainda necessito ouvir?

Não compreendi totalmente as implicações, quando me tornei cristão. Tinha encontrado a liberdade do perdão; sabia que de alguma forma Cristo, através do Espírito Santo, entrara em minha vida; ouvi e aceitei estas palavras, e suas implicações ainda estão gradativamente se revelando, tantos anos depois. Mal posso compreender o seu significado. É mistério, mas um mistério que se tem tornado segredo aberto. Quando a implicação da fé se apoderou do apóstolo Paulo, ela arrancou sua vida interior. Revolucionou seus objetivos. Deus tem falado, Ele tem revelado a si próprio em Cristo, e Paulo foi levado a descobrir a profundidade deste mistério e compartilhá-lo com todos que encontrou: "Para que os seus corações sejam consolados, e estejam unidos em caridade, e enriquecidos da plenitude da inteligência, para conhecimento do mistério de Deus - Cristo; em quem estão escondidos todos os tesouros da sabedoria e da ciência" (Cl 2.2,3).

Seria possível Deus transformar um mistério em segredo aberto sem que percebêssemos? Ou fossem revelados os tesouros da sabedoria e conhecimento em Cristo, e não procurássemos descobri-los? Seria possível Deus expressar mistérios profundos da sua vontade, seus caminhos, sua natureza, e nos contentássemos apenas em compreendê-los superficialmente? Seria possível Deus falar, e não ouvirmos?

Novamente cito o filósofo.

Imagine um capitão que passou em todos os testes escritos, mas nunca foi ao mar. Como reagiria ao enfrentar uma tempestade pela primeira vez? Ele sabe o que dizem os livros, mas nunca tentou navegar em uma noite sombria. Tampouco experimentou guiar um navio quando o leme se torna um brinquedo para o mar revolto.

Nem mesmo teve de tomar decisões em questão de segundos, enquanto a embarcação balança como uma bóia no mar bravio. O inexperiente capitão do mar não saberia colocar em prática o que aprendeu.

E Kierkegaard perguntou: "Qual a lição aprendida com o texto?"

Pense novamente em Paulo e nos mistérios, agora segredos abertos. Do cárcere, ele escreveu uma carta para a igreja em Éfeso. Seus amigos estavam preocupados com sua prisão, mas ele queria fazê-los entender que, quando se ouve a voz de Deus, os problemas da vida tornam-se insignificantes: "Pelo que, quando ledes, podeis perceber a minha compreensão do mistério de Cristo, o qual noutros séculos não foi manifestado aos filhos dos homens, como agora tem sido revelado pelo Espírito aos seus santos apóstolos e profetas" (Ef 3.4,5).

O mistério, explica o apóstolo, é que Deus está fazendo algo novo no mundo. Os preconceitos raciais e sociais estão sendo quebrados, e Deus está estabelecendo "um corpo" - a Igreja. Face a necessidade de avaliar o individualismo, Deus misteriosamente trabalhou em um único grupo: a Igreja, talentosa como cada pessoa deve ser, cheia de discernimento. Foi a vontade de Deus revelar-se a si mesmo, e falar às pessoas reunidas em comunidades. Havia dimensões de determinação, caminhos e temperamento não muito bem expressos e entendidos, tanto individualmente quanto no contexto da Igreja como um todo.

Paulo falou do mistério "que desde os séculos esteve oculto em Deus, que tudo criou" (Ef 3.9). Falou aos cristãos de Éfeso, como a nós também. "Para que agora, pela igreja, a multiforme sabedoria de Deus seja conhecida dos principados e potestades nos céus, segundo o eterno propósito que fez em Cristo Jesus nosso Senhor, no qual temos ousadia e acesso com confiança, pela nossa fé nele" (Ef 3.10-12).

É um pouco difícil para nós, contemporâneos e individualistas, entender a importância da palavra "grupo" - a comunidade de cristãos - ou o valor da igreja. Mas pense: após a morte de Cristo, as pessoas de fé tinham acesso apenas ao Antigo Testamento. Estavam confusas e estarrecidas. Agora, a voz de Deus levantava outras idéias, tiradas do cumprimento das Escrituras do Antigo Testamento e das coisas novas que Ele estava fazendo no mundo. Sem a Bíblia completa, como esses mistérios se tornariam segredos abertos? Pessoas seriam congregadas na igreja, e aprenderiam dos apóstolos e profetas e uns dos outros, já que o Espírito de Deus se movia no meio deles. No momento certo esses discernimentos seriam incumbidos àqueles que escreveriam o Novo Testamento.

Antecipando suas necessidades, Jesus prometeu enviar "o Espírito de verdade" (Jo 14.17) aos seus discípulos, que iriam fincar os alicerces da Igreja: "Mas aquele Consolador, o Espírito Santo, que o Pai enviará em meu nome, esse vos ensinará todas as coisas, e vos fará lembrar de tudo quanto vos tenho dito. Ainda tenho muito que vos dizer, mas vós não podeis suportar agora. Mas quando vier aquele Espírito de verdade; ele vos guiará em toda a verdade; porque não falará de si mesmo, mas dirá tudo o que tiver ouvido, e vos anunciará o que há de vir" (Jo 14.26; 16.12,13).

Pouco antes da conclusão do Novo Testamento um falso ensinador penetrou na igreja, e João escreveu sobre uma misteriosa "unção" da parte de Deus. Devido a esta experiência ou dádiva, as pessoas de fé foram ensinadas pelo próprio Deus. Eles não experimentaram decepção, nem foram excluídos da igreja. Tinham a capacidade de discernir entre o Espírito de verdade e o espírito da falsidade (1 Jo 2.26,27).

Paulo expressou um conceito paralelo quando escreveu: "As coisas que o olho não viu, e o ouvido não ouviu, e não subiram ao coração do homem, são as que Deus preparou para os que o amam. Mas Deus no-las revelou pelo seu Espírito... [Então ele pronunciou a retórica pergunta:] Porque, quem conheceu a mente do Senhor, para que possa instruí-lo? [A resposta subentendida: Ninguém.] Mas nós temos a mente de Cristo" (1 Co 2.9,10,16).

São afirmações notáveis.

Temos ouvido a voz de Deus.

Temos a mente de Cristo.

E Pedro escreveu: "E temos, mui firme, a palavra dos profetas, a qual bem fazeis, em estar atentos, como a uma luz que alumia em lugar escuro, até que o dia esclareça, e a estrela da alva apareça em vossos corações, sabendo primeiramente isto: que nenhuma profecia da Escritura é de particular interpretação. Porque a profecia nunca foi produzida por vontade de homem algum, mas os homens santos de Deus falaram inspirados pelo Espírito Santo" (2 Pe 1.19-21).

Há alguma discrepância entre a promessa e a intensidade da iluminação que temos recebido? Enquanto entramos e saímos da conversa, Deus continua falando pacientemente. Estaríamos tão fascinados pelas distrações da vida que não voltamos nossa inteira atenção à voz de Deus?

Fico maravilhado pela quantidade de energia que a vida requer. Ela é exigente, e sua exigência é perturbadora. Seria fácil passar toda uma vida sem começar a vivê-la completamente. Seria fácil desperdiçar a sensação de estar vivo, sem nem ao menos começar a pensar sobre o que realmente importa.

Para ouvir a voz de Deus é necessário uma escolha. Uma atitude deliberada tem de ser tomada: lançar fora as distrações e prestar atenção no que interessa: "Vós sereis meus amigos se fizerdes o que eu vos mando. Já vos não chamarei servos, porque o servo não sabe o que faz o seu senhor, mas tenho-vos chamado amigos, porque tudo quanto ouvi de meu Pai vos tenho feito conhecer" (Jo 15.14,15).

Perguntas inundam minha mente, ao ler essas palavras.

Por essa afirmação, posso considerar-me amigo de Cristo? Estou fazendo o que Ele ordena? Tenho certeza de quais sejam essas ordens? Tenho ouvido sua voz? Importo-me com sua obra? Tem sido prioridade minha conhecer sua obra?

Acho notável Jesus ter dito: "Tudo quanto ouvi de meu Pai vos tenho feito conhecer". Isto não nos acende uma grande curiosidade? Se cremos assim, se temos convicção que Deus falou através de Cristo e revelou-nos sua vontade pelo Espírito, permitiríamos que alguém ou alguma coisa desviasse nossa atenção desta mensagem?

Mas somos distraídos, fácil e voluntariamente.

Cito mais uma vez o filósofo.

Se a uma classe de estudantes é dado uma hora para fazer um teste simulado, e um aluno o acaba antes de terse esgotado o horário, ele não é punido, é? A incumbência foi fazer um simulado, não apenas usar o tempo.

Mas, e se a incumbência fosse usar o tempo? Se a pessoa fosse instruída a usar proveitosamente o dia todo, e se tornasse aborrecida e distraída durante quase toda a manhã, desperdiçando o dia, então a velocidade não teria valor.

O mesmo acontece quando a vida é a incumbência. Acabar com a vida antes dela ter acabado conosco é não ter completado a incumbência.

E Kierkegaard perguntou: "Você já completou sua incumbência, desenvolvendo seu caráter?"

Quando penso sobre este teste do tempo, chamado vida, recordo um outro mistério que se tornou segredo aberto. "Eis aqui vos digo um mistério: na verdade, nem todos dormiremos, mas todos seremos transformados, num momento, num abrir e fechar de olhos, ante a última trombeta; porque a trombeta soará, e os mortos ressuscitarão incorruptíveis, e nós seremos transformados (1 Co 15.51,52).

O teste do tempo da vida, cheio dessas distrações, é temporário. Mas isto não é tudo. Analisando, tudo o que realmente importa tem-no expresso a voz de Deus. Não consigo pensar que poderia desperdiçar minha vida, dando lugar à distração, e não voltando minha atenção a cada detalhe de sua voz.

Quero um contraste em minha vida, uma sintonia espiritual, não apenas uma "experiência de salvação". O que eu desejo é uma nova maneira de enxergar, uma nova escala de valores, uma nova forma de governar os pensamentos e direcionar os sentimentos. Quero que a fé avive minha percepção. Quero ser um verdadeiro e completo cristão.

Durante anos, preocupei-me com algumas perguntas pessoais. Agora, almejo uma mudança total. Desejo prestar atenção às respostas que Deus me oferece, mesmo que não relacionadas à minhas perguntas.

Tenho-me permitido ser distraído pelos cuidados da vida - por conceitos que posso, cedo ou tarde, reconhecer como mundanos. Quero que minha vida seja consumida com a mente de Cristo e suas prioridades.

Um incêndio teve início nos bastidores do teatro, na noite de estréia de uma comédia. Um palhaço percebeu o perigo, e fechou as cortinas para alertar a platéia.

Todos aplaudiram.

O palhaço repetiu o aviso mais intensamente. Mas agora ele estava no meio do palco, gesticulando, os olhos em pânico.

A platéia vibrou. Assobios. Aplausos. Gargalhadas. Nunca tinham visto coisa igual.

Penso que o mundo vai acabar da mesma maneira. A raça humana levantar-se-á em aclamação ensurdecedora, pedindo bis, pensando tratar-se de uma brincadeira.

E Kierkegaard perguntou: "O que acontecerá se você tentar alertar o mundo?"

Eu pergunto: "O que acontecerá se eu tentar alertar a mim mesmo?"

*A Palavra de Cristo habite em vós abundantemente, em toda a sabedoria, ensinando-vos e admoestando-vos uns aos outros, com salmos, hinos e cânticos espirituais; cantando ao Senhor com graça em vosso coração.*

Colossenses 3.16

# Onze
# *A Igreja: Pregando a Verdade em Amor*

Não descobri Deus por mim mesmo. Sua voz não trovejou do céu, nem sussurrou em minha mente. Não houve nenhum aviso sobrenatural.

Encontrei-o através de pessoas de fé. Ouvi sua voz porque outros me ensinaram sua Palavra. Seus mistérios tornaram-se segredos abertos quando outros que já os conheciam compartilharam comigo. Aprendi porque fui ensinado.

Sim, o Espírito de Deus tem-me introduzido essas idéias. Mas a maioria tem sido conduzida pelo discernimento espiritual. Parece ter sido determinação de Deus que minha experiência espiritual e a sua sejam inter-relacionadas.

Mas a fé é mais interdependente do que isso; não é apenas compartilhar experiências, embora isto seja bom. Ouça a voz de Deus hoje, e só me é possível acreditar, porque, há milhares de anos, Abraão obedeceu a Deus, e a nação que iria abençoar as nações tinha nascido. Moisés respondeu à voz de Deus, e exigiu que as famílias dos hebreus ensinassem os preceitos divinos aos seus filhos e aos filhos dos filhos, transmitindo os caminhos de Deus através de sagradas tradições orais. Os profetas falaram o que Deus lhes ordenara. Os apóstolos escreveram cartas, movidos pelo Espírito Santo. Crentes sábios e cheios de fé sentiram a necessidade de copiar, distribuir, compartilhar, traduzir e ensinar a Palavra. De uma geração a outra, a voz de Deus foi proclamada através de pessoas cheias de fé, de casa em casa, de cidade em cidade e por todo o mundo.

Escolas têm sido fundadas, igrejas estabelecidas, livros escritos. Para ouvir a voz de Deus e entender a mente de Cristo não é necessário simplesmente uma busca pessoal. É uma busca conjunta de pessoas de fé. Isto é e tem sido a paixão da Igreja.

Minhas experiências com a Igreja, de alguma forma, não têm sido sempre tão sublimes. Primeiro, atendi como a uma criança, porque alguns vizinhos estavam tentando fundar uma igreja em nossa comunidade, no subúrbio de Los Ângeles. Reuniamo-nos para a escola dominical e o culto na garagem, sala de visitas, cozinha e onde mais fosse possível encontrar espaço para mais algumas cadeiras.

Que discernimento espiritual posso tirar dessa experiência? Bem, recordo-me do treinamento de assistência completa. A cada domingo a pessoa recebe uma peça de quebra-cabeça, condizente com o assunto do treinamento daquele dia. Eu estava ausente no dia em que distribuíram a parte mais importante; fiquei tão desmotivado que não voltei mais.

Anos mais tarde, visitamos uma igreja "de verdade", completa, com um órgão de tubos. Esta experiência também me deixou uma impressão. Fui para casa naquele domingo à tarde, e peguei meu acordeon, tentando imitar a música majestosa do órgão, apertando os botões do acorde com toda força, e puxando os foles.

Foi em minha terceira igreja que comecei a aprender o que parecia constituir a experiência religiosa americana. Gostava do meu professor de escola dominical, um dos primeiros cristãos com quem marquei mais de uma reunião, pois ele era tudo o que eu esperava de um verdadeiro cristão: bondoso, amigável e interessante. Eu estava desnorteado quando ele desistiu de freqüentar a igreja, e histórias chegaram aos meus ouvidos, dizendo que ele tinha sido infiel, e deixado sua esposa e filhos por outra mulher.

Cuidei daquela igreja intermitentemente por alguns anos, mas, era fácil notar hipocrisia ao invés de fé verdadeira. Naquela igreja, para mim, a hipocrisia era simbolizada por um senhor de idade que falava religiosamente mas sempre tentava dirigir a igreja.

Ele dirigia o louvor aos domingos de manhã, apimentando a hora do louvor com histórias de como os hinos tinham sido escritos. Isto me confundia um pouco. Eu não conseguia compreender porque a igreja lhe dera esta incumbência, se freqüentemente o criticava por seu temperamento rabugento.

Ele subiu no púlpito em um domingo à noite, anunciou *Amazing Grace*, e, antes que o pianista desse a introdução, perguntou: "Eu já contei aqui a história de como este hino foi escrito?"

Uma pequena senhora idosa interrompeu-o, e disse: "Sim, muitas vezes".

Essa igreja pode não ser um solo fértil para o crescimento da fé, mas Deus parece ter prazer em conquistar o inesperado por meios improváveis. Foi nesta igreja que me tornei cristão, decorei os grandes hinos de fé, aprendi o significado de servir a Cristo, descobri que a Bíblia não é aborrecida e decidi servir a Deus.

O que fez a diferença? Três ou quatro pessoas de fé que me trataram gentilmente, como eu pensava que Cristo me trataria. Suas vidas me deixaram curioso sobre suas palavras, e tais palavras não eram deles, mas dEle.

Nessa igreja, ouvi a voz de Deus, através de simples humanos como eu.

Eu estava na faculdade quando me envolvi com outro ministério, e por este motivo mudei novamente de igreja, onde se dava ênfase a certos detalhes no estudo bíblico que, a meu ver, não eram sempre interpretados corretamente.

Fui colocado em uma classe para novos membros e fiquei atônito, quando um bem intencionado cavalheiro, que não sabia nada de grego, fez o Novo Testamento dizer coisas notáveis - o que poderíamos chamar de nuances de significado altamente discutíveis. Quando tive minha primeira aula de grego, o professor sabiamente preveniu: “Não há nada mais perigoso no púlpito, do que um estudante primeiro-anista de grego”. Minha experiência sugere que este perigo só é atenuado com o passar dos anos.

Não quero parecer demasiadamente crítico. Realmente admiro o zelo dessa igreja pela Bíblia. Mas a doutrina de cada denominação é distinta, e as interpretações próprias tornam-se tão facilmente populares como a própria Bíblia.

Essa igreja tem um lema que, embora eu valorize o sentimento, faz-me lembrar um melodrama da TV: “A Bíblia, a Santa Bíblia, e nada além da Bíblia”. Eu era seminarista, trabalhando para o departamento de educação cristã, responsável pelo preparo de materiais de instrução sobre herança das nações e suas características. Criei dois cartazes. O primeiro caracterizava o lema acima mencionado; o outro apresentava o que entendia ser a extensão lógica do primeiro e a paixão da igreja. Lia-se:

"A Bíblia - primário. Posição histórica da igreja - secundário".

Um pastor, furioso ao receber os materiais, escreveu-nos uma carta expressando enorme perplexidade: "Se eu não achasse que nossa posição histórica fosse bíblica, então não seria um membro desta igreja!"

Creio que isto retrata nitidamente o problema da igreja e os perigos implícitos quando a voz de Deus é confiada a nós, humanos falíveis e limitados. Já disse ter descoberto Deus através de pessoas de fé. Tenho conhecido pessoas que se afastam de Deus pelo mesmo motivo. Acham confusas nossas crenças divergentes. Não é bom que discordemos; mas, precisamos ser também desagradáveis?

Naquele momento mudei minha opinião. Onde antes compreendia interpretações ou posições doutrinárias como sendo bíblicas ou mesmo anti-bíblicas, agora estabelecia uma terceira categoria: mais bíblica que a Bíblia. Seria possível, em nosso zelo para entender as Escrituras - e defender a verdade contra os erros - elevássemos nossos próprios planos explicativos a tal ponto que obscureçam a verdade? Poderiam nossas características denominacionais e tradições assumir a autoridade reservada exclusivamente às Escrituras?

A Bíblia não parece expor cada ensinamento com a mesma clareza. Não havia sutilezas nas Escrituras que pessoas fiéis e cultas interpretavam de maneiras diferentes? Até onde nossa compreensão bíblica pode levar-nos?

Parece-me logicamente possível irmos além das claras afirmações das Escrituras. Quando a lógica de nosso universo teológico começa a preencher lacunas deixadas pelos mistérios bíblicos, entramos em território perigoso.

Há incompatibilidades e mistérios, que não nos surpreenderão.

As Escrituras têm-nos advertido que, se procurarmos a mente de Deus, encontraremos os limites de nossos pensamentos: "Porque os meus pensamentos não são os vossos pensamentos, nem os vossos caminhos os meus caminhos, diz o Senhor. Porque, assim como os céus são mais altos do que a terra, assim são os meus caminhos mais altos do que os vossos caminhos e os meus pensamentos mais altos do que os vossos pensamentos" (Is 55.8,9); "Ó profundidade das riquezas, tanto da sabedoria, como da ciência de Deus! Quão insondáveis são os seus juízos, e quão inescrutáveis os seus caminhos! Porque quem compreendeu o intento do Senhor? ou quem foi seu conselheiro?" (Rm 11.33,34)

Eu não tentaria entender Deus separado da sabedoria da igreja, mas tampouco deixaria um sistema de ensino teológico impor clareza às Escrituras, onde deliberadamente parece haver carência de revelação. Certamente estarei errado quando finalmente entender Deus, e abandonar meu próprio universo ou maneira de agir, suspeitando dos membros da minha família de fé.

Deus é maior que minha teologia, e sua família, mais abrangente que meu modo de agir.

Não é estranho que seja realmente possível cristãos discordarem e se dividirem sobre as diversas maneiras de agir? Se o propósito de Deus é confiar sua verdade à Igreja, por que permitiria palpites ambíguos ou sombra de dúvida?

Enquanto escrevo, pronuncio as palavras: "O silêncio de Deus", e o que vem à minha mente? Mistério. Não há segredos abertos para todos os mistérios da vida. Posso encontrar Deus silencioso quando enfrento dores e perplexidade. É provável que não receba palavra alguma de Deus durante meus momentos de luta, para esclarecer detalhes sobre eles.

Para mim, o silêncio de Deus tem outra dimensão. E, se fala, até mesmo as várias expressões da verdade podem às vezes parecer ambíguas. Uma vez que achamos desastrosa tal dissonância, constituímos inúmeros pontos de vista, excesso de opiniões. Com tantas vozes contraditórias falando por Deus, sem que Ele corrija tais interpretações, podemos enfrentar dificuldades, denominando esta cacofonia de "voz de Deus".

Deus tem falado. A Igreja tem retransmitido a mensagem. Mas, em meio a nossas divergências e interpretações humanas, o que ouvimos em lugar da voz de Deus é o silêncio.

Parece estranho que Deus confie sua voz e verdade a algo frágil como a Igreja. Certamente Ele sabia que, ao fazer isto, estaria se expondo a equívocos e deturpações. Por que o fez?

Estou perplexo.

De alguma forma, é coerente com a natureza de Deus arriscar em depósitos frágeis. Além do mais, Ele mesmo manifestou-se no frágil corpo humano, tão facilmente destrutível. Ainda assim, sua glória foi sua morte, pois através dela Deus revelou seu poder.

Existe alguma diferença com relação à Igreja?

Quase 2.000 anos são passados. Em alguns momentos, a voz de Deus tem sido deturpada nas ideologias mais bizarras. Movimentos têm-se levantado e caído. Opiniões e conflitos pessoais dividem pessoas de fé. Mas tais opiniões e deturpações não podem abafar por muito tempo a voz de Deus. O Espírito está vivo na Igreja, garantindo a percepção daqueles que têm ouvidos para ouvir com humildade.

Com todas as nossas diversidades e deturpações, parece um milagre que alguém se converta.

Mas não é esta a questão?

Não parece que Deus se agrada em realizar o inesperado através de meios improváveis?

*Deus resiste aos soberbos, dá, porém, graça aos humildes. Chegai-vos a Deus, e Ele se chegará a vós.*
Tiago 4.6,8

**Doze**

# *Perspectiva: Ensinando o Silêncio a Falar*

Certo homem achou uma chave quando andava pela praia ao entardecer. Apanhou-a, e imediatamente percebeu que era de ouro puro, cravejada de pedras preciosas. Imaginou que fosse de grande valor, mesmo assim, disse para si mesmo: "Ela não tem utilidade, o que poderia abrir aqui nesta praia deserta?"

Novamente colocou a chave na palma da mão, brincando com a luz que as pedras preciosas refletiam.

Então, não havendo mais raios de sol, pois a noite se aproximava rapidamente, atirou a chave em direção às ondas, e elas a engoliram. Ele não notara atrás de si uma porta imponente no céu escuro.

Há um outro mundo, uma realidade paralela, uma realidade espiritual além do alcance de nossos sentidos físicos limitados. Para a maioria de nós, talvez nós todos, há um momento crítico quando tal realidade espiritual está fechada. A mão estendida com fé poderia ter dado à chave o devido valor, colocando-a na fechadura e aberto a porta. Neste exato momento de decisão ou percepção, a fé poderia levar-nos até a entrada, se pudéssemos tão somente dar lugar a ela.

A realidade espiritual que alguns vêem nessa hora, de repente parece ser o que realmente importa na vida. Em pé, diante da porta, olham para dentro e vêem como a vida pode ser. Como uma coisa tão valiosa poderia estar escondida? Neste ponto decisivo, eles a rejeitam, desviando o olhar, pois são capazes de enxergar a vida e imaginá-la apenas como ela é ou tem sido. Confiam apenas em seu senso físico, e voltam as costas para tudo que vai além disto.

Eu costumava pensar que esse momento crítico de mudança de vida só acontecia quando um de nós aceitava ou não a realidade espiritual. Agora vejo que todos os nossos momentos oferecem tal escolha e potenciais de perspectiva alterados. A realidade espiritual impulsiona-me a viver todas as experiências, buscando sempre a direção que vem do alto - para enxergar cada casualidade como um momento santo; para enfrentar o mistério do sofrimento, e achar em algum ponto traços de compaixão e propósito de Deus; para confrontar as contradições e incompatibilidades que confundem minha mente e obscurecem a maravilhosa sabedoria de Deus; para criar o silêncio em meio às distrações da vida e impulsionar a mim mesmo a ouvir a voz de Deus.

Fazer isso é viver.

Mas de onde vem tal percepção?

Numa terra distante, de cultura e idioma desconhecidos, um homem recebeu um presente. O anfitrião tirou um pequeno livro da estante, e entregou-o ao homem sem falar uma palavra. Era o costume da terra. Presentes eram ofertados sem alarde. Mas o homem permaneceu em pé, em frente ao anfitrião, descontente pelo fato de sua cultura e maneira serem tão peculiares. Além do mais, não podia ler um livro estrangeiro. Fitou o homem que o presenteava, cujos olhos denunciavam tristeza. Ambos estavam constrangidos.

O anfitrião continuava em pé, pesaroso, mas paciente, estendendo o presente. Finalmente, o estrangeiro inclinou a cabeça desajeitadamente, desculpando-se, e partiu. O anfitrião, ofendido, mas não surpreso, saiu de casa e andou pelas ruas da cidade, ainda segurando o presente rejeitado.

Logo encontrou um outro estrangeiro, a quem ofereceu o presente da mesma forma. O segundo estrangeiro aceitou o presente com um gesto de satisfação. Quando abriu o livro, descobriu que estava escrito em língua desconhecida.

Curiosamente, ao examinar o livro, o estrangeiro recebeu um segundo e misterioso presente: a habilidade em compreender o que estava escrito. Descobriu que o livro continha segredos fascinantes da vida - respostas para suas perguntas interiores.

Seria fácil desprezar a história por ser apenas fantasia. Exceto para alguns de nós, que temos vivido a situação, e recebido o presente. Também o temos dado a outros. Vimos jargões espirituais dissolvidos em significado profundo. Temos sido mudados por palavras, e presenciado a transformação de outros por elas.

A voz de Deus pode não ser ouvida, mas Ele tem falado. E as palavras, ouvidas pela fé, não vão nos deixar como estávamos.

Tenho escrito sobre minha experiência com o Livro de Deus, afirmando seu poder transformador. Ao ler meras palavras descobri estar ouvindo a voz de Deus. Obedecendo o Livro, aprendi seu significado. Além do mais, tenho estudado a história, cultura, geografia e linguagens da Bíblia. Tenho compreendido não só os princípios bíblicos, como também me aprofundado em seus contextos críticos. Nas Escrituras ouço a voz de Deus. Nelas, contemplo a descrição do seu caráter - seu trabalho, vontade, caminhos - retratado na experiência de pessoas e nações. Nas escrituras, pela fé, minha vida foi transformada, minhas perspectivas mudadas e minha mente renovada.

O Anfitrião tem oferecido o presente ao estrangeiro, a revelação de si mesmo e do que é importante, em um livro onde Ele mesmo é o autor. Tenho-o aceitado, examinado e, gradativamente, aprendido o seu significado.

Se eu finalizasse aqui, daria uma interpretação limitada do presente e uma representação um tanto desonesta de minha peregrinação espiritual. Contudo, ouço a voz de Deus nas Escrituras, profunda e rica, e, embora ela seja o ponto de referência e juiz de todas as minhas experiências espirituais, ainda há mais para ser dito sobre a revelação de Deus e seu silêncio persistente.

Deus fala, com certeza. Mas não como conversamos você e eu. Sua voz é, ao que parece, mais indireta.

Israel clamou por um rei. Por quê? Porque Deus era diferente de um rei humano, Ele era invisível e silencioso.

Ao afirmar a existência de Deus, as Escrituras mostram à criação e aos fiéis de Deus o que Ele tem planejado e feito. Por quê? Porque Deus é invisível. Se quisermos vê-lo, olhemos para as coisas que Ele tem feito.

Deus usa pessoas para falar por Ele, e geralmente não expressa sua Palavra diretamente como fez com Paulo, Por quê? Porque Deus é invisível e silencioso.

Ele falou com Moisés "face a face, como um amigo fala com outro amigo", andou com Enoque, revelou-se aos profetas em sonhos, visões e aparições sobrenaturais. Mas foram exceções, não sua maneira normal de comunicar-se com as pessoas. Vemos em Cristo a suprema revelação de Deus, pois Ele finalmente revelou-se a si mesmo - o Verbo se fez carne -, e então Ele subiu ao céu, desaparecendo de nossa vista. Enviou o Espírito Santo para viver em nós e iluminar a Palavra. E, mesmo quando oro, não recebo resposta audível.

Quando estou inconsolável sobre os mistérios do sofrimento, não há voz divina a quebrar o silêncio com palavras explicativas. Quando clamo pela misericórdia de Deus, não o encontro por meio dos sentidos físicos. As Escrituras nos dão os princípios, elas ilustram o propósito e caráter de Deus; mas, para ouvir realmente a sua voz, um passo mais precisa ser dado. Preciso ensinar o silêncio a falar. Mais do que isto, preciso ensinar a mim mesmo a ouvir a voz de Deus no silêncio.

Preciso pegar a chave e abrir a porta.

Preciso pegar o presente, abri-lo e lê-lo.

Preciso aprender a viver como Paulo, "por fé, e não por vista" (2 Co 5.7).

Colocando fé e sinais em contraste, as Escrituras não estão querendo dizer que Deus é inacessível, que Ele não pode ser sentido ou conhecido. Ele pode ser "visto", apenas não da maneira costumeira. Pode ser "ouvido", mas não com nossos ouvidos. Pode ser "sentido", mas não com o toque humano. Assim como nossos sentidos físicos, precisa existir um condutor de sentidos espirituais. Um sentido diferente. Um outro caminho de verdade.

Fé: "Ora, sem fé é impossível agradar-lhe: porque é necessário que aquele que se aproxima de Deus creia que ele existe, e que é galardoador dos que o buscam" (Hb 11.6).

O que significa "aqueles que o buscam"? Entre outras coisas, significa nutrir a esperança de que Deus vive e atua em todos os momentos da vida. Se Deus prefere ser invisível, viverei pela fé; se Ele prefere ser silencioso, vou fazer silêncio, de maneira que Ele possa ser ouvido. Encherei meu coração com o que não posso ver, e minha mente com o que não posso ouvir. Darei educação teológica à minha imaginação.

Visualizarei Deus perto de mim. Sentirei seus braços ao meu redor. Ouvirei sua voz a encorajar-me. Isto não é tão difícil de alcançar quanto parece à primeira vista.

Pense na concepção de Jesus, na entranhas da virgem Maria, no microscópico começo; não era apenas a essência do que seria o homem Jesus, estava ali também tudo de Deus. Uma divindade minúscula em um pequeno espaço.

Da mesma forma, a promessa do Espírito é que Deus habitaria em nós. Sempre pensamos na imensidão de Deus. Ele enche todo o Universo, mas também está em mim. É impossível alcançarmos mais de Deus. Ele não está dividido em pedaços espalhado pelo mundo. Ele está aqui, completo, em mim. Com todo o seu poder, sabedoria e amor.

É realmente maravilhoso: Deus está disposto a levar-me para seu lar.

Por um momento, deixe de lado tudo que você já ouviu ou aprendeu sobre fé, e pergunte a si mesmo: Como seria, se por um milagre, Deus pudesse viver em mim? Quão diferente seria a vida? Certamente, tudo mudaria.

Então, por que não? Por que a vida não tem sido como você esperava? Onde está a voz de Deus? Como a vida pode ser tão ordinária, se Deus habita em nós?

Ou será que "ordinária" é a palavra?

Deus poderia estar querendo transformar a palavra "ordinária" em alguma outra com significado diferente? É compreensível que Deus esteja presente, falando através de cada experiência e da fé, a fim de podermos ver sua face e ouvir sua voz? É este o significado de ensinar o silêncio a falar?

Ontem à noite, estava sentado com minha esposa à mesa da cozinha, e olhei para seus olhos quando uma preocupação estampou-se-lhe no rosto. Mais tarde estaríamos lidando com uma circunstância diferente. Os detalhes não importam agora. Ao olhar para ela senti compaixão. Eu a amei. Vinte minutos depois, sentamo-nos juntos na sala de estar, enquanto eu lia em voz alta uma história escrita pelo humorista inglês P. G. Wodehouse. A risada da esposa soava-me como música.

A diversidade da noite passada é simbólica em nosso casamento. Tem havido momentos de sofrimento e lágrimas, alegrias e risadas, e também romance. Hoje, ao refletir sobre nosso relacionamento, este presente, sou atingido pela presença de Deus em toda a nossa união. Ele está em nosso relacionamento não apenas quando estamos lendo algo religioso, ou envolvidos em assuntos ministeriais, ou concentrados em sua graça, adorando. Deus está presente também nas coisas materiais, em todo momento. Ele está falando, se ouvirmos - com sua bondade, lealdade, soberania sobre as circunstâncias, misericórdia na tristeza, alegria em nosso sucesso. O presente deste relacionamento não é apenas uma ilustração da lealdade da graça de Deus; Ele fala através do presente porque está vivo em nós.

Recordo-me de um irmão que pastoreou minha pequena igreja muitos anos atrás. Selecionei uma dentre o sortimento de boas lembranças sobre ele. Estávamos em pé, no estacionamento escuro da igreja, depois de acabado um estudo bíblico noturno. Os poucos que tinham ficado já haviam partido. Então ele comentou: "Uma pessoa que tivesse muita fé, poderia virar esta cidade de cabeça para baixo". A idéia não me soou absurda ou sensacional, e sim verdadeira. Percebi que queria ser esta pessoa de fé. Naquele encontro, há quase 30 anos, ouvi duas vozes, pois Deus estava presente em nossa amizade naquela noite escura em Whittier, Califórnia.

Na próxima semana irei ao tribunal com um amigo. Demonstrar-lhe-ei meu amor e suporte, mesmo sabendo ser ele culpado. Não sei qual será o resultado, mas ao observar este amigo, noto as conseqüências de seus atos inapropriados o cercarem. Estou certo de que Deus está falando com ele através de tais conseqüências, e também da reprovação da sua vida. Sua experiência não apenas confirma o conselho das Escrituras; a voz de Deus pode ser ouvida em tais experiências, se acharmos graça para ouvir resignadamente.

Ontem passei a tarde em um museu, admirado pela obra de um artista contemporâneo. Seu uso de proporções, dimensões, textura e luzes deixou-me estarrecido. Seu senso de detalhe e a perfeição de sua habilidade dominaram minha atenção. Senti a quietude e a santidade ao observar a obra, e louvei a Deus, que habilitou o autor. Tenho tido experiências paralelas ouvindo bons hinos e lendo boas literaturas. Você compreende, se eu disser que a voz de Deus pode ser ouvida através do presente da arte, que traduz sua própria criatividade, que ilumina o mundo feito por Ele? Por imperfeitas que possam ser nossas obras, há momentos em que temos a convicção de que Deus as visitou com sua própria voz.

Assisti a uma estrela cadente riscar o céu. Fiquei maravilhado com o gracioso arco formado por ela.

A criação não é simplesmente um trabalho de arte completo, apenas representando as características do nosso Deus. Observando a natureza, estamos olhando sobre os ombros do artista, ainda envolvido no processo criativo. A cada momento vemos uma nova pincelada - Deus fala. Estar em harmonia com a natureza e tais perspectivas bíblicas, não é flertar com as bobagens da Nova Era, é prestar atenção à voz de Deus, falando através da criação e de sua Palavra poderosa.

Expressemos de outra forma: embora a Bíblia seja o intérprete e juiz de todas as minhas experiências espirituais, não é a única voz de Deus. Suas palavras não são expressas apenas pelas Escrituras. Ele tem diversas maneiras de falar. A natureza é sua porta-voz, como também relacionamentos e circunstâncias, sucessos e fracassos, alegria e tristeza, arte e ciência, estrelas e átomos, o vento e a bonança.

Quando nosso entendimento é preenchido por suas obras; quando nossa mente acha seu caminho; quando nosso coração louva os mistérios de sua personalidade; quando vemos sua mão soberana controlando épocas e milhares de séculos; então sua voz pode ser ouvida.

Mesmo em seu silêncio.

E esta é a chave que seguro e entesouro.

## Terceira Parte

# *O Mistério de Deus*

### *É da natureza da fé viver com paradoxos*

*Muitas de nossas questões permanecem eternamente abertas.*

*Estamos aptos a reconciliar conflitos de fé e experiências desarmoniosas da vida?*

*O Senhor não retarda a sua promessa, ainda que alguns a têm por tardia; mas é longânimo para convosco.*

2 Pedro 3.9

*Não rejeiteis pois a vossa confiança... Porque ainda um poucochinho de tempo, e o que há de vir virá, e não tardará. Mas o justo viverá da fé.*

Hebreus 10.35,37,38

# Treze

# *Respostas Parciais: Vivendo com a Dissonância*

Quando eu estudava no seminário numa zona rural, em Midwest, minha esposa e eu alugamos uma casa, antes só usada para veraneio, e um jovem solteiro alugou o porão. Se você entender as expressões "paredes finas" e "som de alta fidelidade", então saberá exatamente o que digo. Da sala, podíamos ouvir, sem nenhum esforço, o que o rapaz conversava com a namorada. Rapidamente aprendemos a controlar o volume da nossa voz e a planejar atividades barulhentas - como ouvir música ou tocar piano - para quando o rapaz estivesse fora. Não era difícil saber, pois facilmente ouvíamos sua partida.

Ou assim eu pensava.

Era uma bela tarde de outubro, quando decidi dar uma pausa nos meus estudos dos verbos gregos, vogais hebraicas e peculiaridades da história da religião. Certo de que o rapaz e a namorada haviam saído, coloquei um disco de Bach no aparelho de som, aumentei o volume ao máximo e ouvi nove minutos e dez segundos de música de órgão de tubos. As paredes e janelas vibravam, e eu senti toda a tensão deixando o meu corpo cansado e minha mente exausta.

Durante nove minutos aquela maravilhosa música moveu-se implacavelmente em direção ao auge. Foi naquele breve espaço de silêncio, antes dos dissonantes acordes finais, que ouvi a batida da porta do andar inferior. Meu olhar rápido e aflito confirmou minha suspeita: estavam saindo, não chegando.

Toda aquela tensão desfeita retornou rapidamente, à medida que eu atravessava a porta da frente para desculpar-me.

Meu vizinho, recobrando sua sociabilidade, declarou quase convincente: "Não tem problema". Mas sua namorada, ainda contrariada, gaguejava algo menos animador: "Pensei que estivéssemos no meio de um filme de terror de Vincent Price!" Eu não sabia se deveria rir ou desculpar-me. Apenas dei um pequeno sorriso compreensivo.

Tenho ouvido pregadores parecidos com esse momento de acordes dissonantes do órgão, desejando ser decifrados com o fim dos tempos e a chegada da eternidade. Bem, quando falei sobre mecanismo da imaginação, relacionei-o ao contexto da vida real. Mas, em minha imaginação, o acorde dissonante, desejoso de ser decifrado, que testa os nervos e deixa cabelos em pé, é ouvido por duas perspectivas: a minha e a de meus vizinhos. E, por haver duas perspectivas, há duas opiniões sobre a música - para uns, alivia a tensão; para outros, a tensão é criada.

Estou certo de que as surpresas da eternidade irão confirmar isso. Para os leigos sobre o compositor da vida, a música pode parecer estranha, uma cacofonia desordenada. Outros, que conhecem o compositor e respeitam seu trabalho, provavelmente têm alguma idéia da origem do tema, a despeito das voltas e mudanças.

Então, o acorde dissonante do sermão ilustrativo causa a mim uma expectativa diferente, pois está fechada para sempre em um contexto engraçado. Ainda posso ver o olhar perplexo da moça. O ar de comédia faz a ilustração ainda mais penetrante.

Não pretendo minimizar a dor e a angústia, mas estou certo de que quando Deus finalmente completar sua composição, e os sons da eternidade encobrirem o discordante barulho do tempo, não ficaremos atordoados nem loucos. Talvez alguns sim, mas não todos nós. Imagino o sorriso geral, espalhado por todas as faces ressuscitadas. Penso também que haverá um silêncio: cabeças inclinadas e reflexivas, reconhecendo o propósito de Deus em alguns mistérios desta vida e declarando: "Oh, era este o significado da música!"

O problema é que ainda não estamos prontos. Ninguém sabe o quanto o clímax - a solução - está longe de nós. Agora vivemos com o incompleto, que pode ser nervosamente dissonante. Normalmente as coisas acontecem de maneira tão desastrosa que desafiam a imaginação a contemplar todos os bons propósitos. As chances de passatempos alegres podem parecer remotas às vezes; assim como eu não achei graça naquela alusão a Vincent Price.

Uma coisa é dizer que Deus agora fala conosco através de regras e de seu silêncio articulado; outra é ouvir a voz de Deus de maneira confusa, paradoxal e misteriosa - nas experiências discordantes da vida. Nem mesmo ao clamar, como faço, o caráter de Deus revelado nas Escrituras pode satisfazer-nos totalmente nos momentos cruciais. Mais cedo ou mais tarde haverá uma brecha em nossos momentos de comemoração. A vida tornar-se-á difícil, e nossa fé será colocada à prova. A voz de Deus começará a desfalecer, e nossa fé enfrentará uma grande mudança: respostas parciais e idéias irreconciliáveis.

Em meio à dissonância, quando tudo dentro de nós clama por uma explicação completa, como uma fé fundamentada em respostas parciais poderá sustentar-nos?

Eu estava no colégio quando foi lançado *Future Shock*, de Alvin Toffler. O livro tornou-se tópico de discussão na aula de psicologia, quando nosso professor, que era cristão, perguntou: "Como um cristão responsável pode agüentar um choque?" Depois de tantos anos, ainda me recordo daquela aula porque a resposta dele me chocou: "Reduza suas crenças primárias ao mínimo. Não se apegue aos pontos de vista e interpretações com muita obstinação".

Ele não estava aconselhando: "Esvazie o significado de sua fé", mas, se assim posso parafraseá-lo: "A verdade suprema e fundamentada de sua fé faz a diferença. Agarre-se a ela; você vai ter estabilidade. Mas não a todas as opiniões meramente dogmáticas. Talvez não haja meios de absorver cada experiência e esclarecê-la completamente. Viva o tempo suficiente, e encontrará mistérios inexplicáveis".

Posso dizer apenas: "Tenho feito isto". E chego a conclusão que é mais fácil vencer, se estamos dispostos a esperar por respostas completas e tolerar a pequena dissonância do momento, mesmo que pareça longo e demorado.

Suponho que o centro da questão de Toffler, era que, com a mudança acelerada e o futuro invadindo o presente, a vida se torna mais intensa e desafiadora. Como estamos para vencer todas estas mudanças?

Mas não há também um "choque atual"? A desencorajadora percepção de que as boas mudanças prometidas pela agenda divina estão fora de alcance? Precisamos viver o presente, com seus problemas e confusões - sua dissonância -, quando tudo em nós almejar por melhores momentos, ou curas, ou justiça, ou pelo menos respostas satisfatórias.

Resolução.

Ontem, ao telefonar-me, minha mãe estreitou as 2.000 milhas que nos separam. Ela recebera muitos telefonemas nas semanas anteriores, e sei o que estava pensando. Aproximava-se o primeiro aniversário da morte de meu pai, e, apesar da certeza de que ele confiara sua vida a Deus, essa é uma hora difícil e embaraçosa. Como entender isto?

Ela relatou-me o diagnóstico médico de três dos meus tios, que não era muito animador. Parecia-me muito claro, talvez mais do que para ela, que o problema deles a fazia reviver o problema de meu pai.

Ela sentou-se, tentando conter as lágrimas - enfrentava o "choque atual". As coisas não são como deveriam. E, mesmo em meio às lutas, a luz ilumina, pois não está presa no presente. Minha mãe já viu o futuro na face de Cristo, e a imagem é tão vívida que a levará através da confusão e dor com tranqüilidade. Pela fé ela já ouviu o prenúncio do fim da vida. Agora, viver através dessas incertezas é cantar uma música que lhe é familiar, como se já a tivesse ouvido em um sonho maravilhoso e confortador. A visão do futuro invadindo o presente dissonante não é um choque, é tranqüilidade. Quanto mais convicção do alívio vindouro, mais fácil será enfrentar a dor presente.

Dissonância, confusão, paradoxo, mistério, incongruência. No presente doloroso, podemos passar por momentos de tensão ante nossas expectativas sobre Deus e sua performance. Nossa idéia sobre vida abundante pode obscurecer, confundir-nos, se dermos lugar à sombra do desespero, doença ou morte. Precisamos procurar perspectiva nas Escrituras, e descobrir que mesmo Deus, às vezes, parece contradizer a si mesmo. Nosso cuidadoso esforço em harmonizar as idéias dissonantes, pode não resolver o problema.

A fé pode ser frustrada.

Não, a vida pode ser frustrante. O entendimento pode ser ilusório. O que nos dá perspectiva e esperança é uma fé bem colocada.

Esses mistérios me interessam, pois tenho encontrado Deus; estou disposto a viver com respostas parciais. Posso lutar para encontrar conforto em meio à incongruência, mas estou permitindo a mim mesmo ser humano, com todas as limitações que isto implica, e deixar Deus ser Deus, ilimitado. Se realmente creio em Deus, os detalhes da vida não precisam fazer sentido em meio aos obstáculos, fraco intelectualismo ou esforços para reconciliar o irreconciliável. As respostas parciais dadas por Deus são melhores que explicações completas. Preciso improvisar. A vida é a obra-prima de Deus. Não tenho escolha além de esperar por seu ajustamento, já que Ele o faz com propósito de bem-estar e resolução.

Mesmo assim, é justo e apropriado perguntar: O que devemos fazer nesse meio-tempo? Como estamos, para viver o presente com tamanhas lutas e tão altas dissonâncias, e Deus ainda continuar silencioso?

Esta terceira e última seção do livro relata o silêncio de Deus para sua vontade e seu Reino; para fé e dúvida, súplica e compaixão divina. Tenho apreciado sua tapeçaria de diversos ângulos, mesmo aqueles fios mais comuns entrelaçados. Se quero compreender o silêncio de Deus, preciso entender o Reino em dois tempos, presente e futuro; preciso superar minhas dúvidas, e viver pela fé; preciso estar em oração e descansar em seu silêncio.

Há alguns infortúnios nos próximos capítulos, como entrar numa caverna ou numa tumba. Também há esperança. Na pior circunstância, na mais profunda caverna, na tumba mais fria, algo acontece: a luz aparece, e a voz é ouvida.

A vida acontece!

Esta é minha oração, mesmo agora, ao escrever: que, ao final, nossa fé possa ser profunda, e a esperança, intensamente sentida, pois temos enfrentado nossas limitações honestamente, e também encontrado perspectiva animadora no silêncio articulado de Deus.

*Ouve-me quando eu clamo, ó Deus da minha justiça; na angústia me deste largueza; tem misericórdia de mim e ouve a minha oração.*
Salmo 4.1

# Catorze

# *Governo de Deus: Um Reino Incongruente*

"Eu orei muitas vezes, com tanta fé, e nada aconteceu. Agora não estou bem certo que Deus exista."

Com estas palavras, Thomas Sutherland, um refém libertado, resumiu seis anos e meio de cativeiro no Líbano. Relatou sua experiência penosa, preso em uma cela e acorrentado à parede, o dia em que apanhou tanto que gritava de dor, a pressão sentida por ele e seu companheiro Terry Anderson. Ambos acorrentados, passavam o tempo debatendo religião. Sutherland tinha uma posição agnóstica; Anderson defendia a existência de Deus.

Ouvindo a experiência, talvez você pense que o agnóstico tinha clara vantagem. Não era seu ponto de vista dolorosamente compreensível? Além do mais, se Deus existe, se o Universo pertence a Ele, como pôde ocorrer tal anarquia? Como pôde ter deixado sem resposta por seis anos as orações dos cativos?

Sutherland contou que tinha pena de seus captores, pois "eles não sabiam o quanto era abominável o que faziam". Tais coisas acontecem pelo mundo todo, não apenas com as diferenças políticas. Trabalhadores irracionais e desapontados levantam os braços e vociferam para serem ouvidos, ou para expressar sua frustração. Durante o processo, o inocente ou sem defesa torna-se vítima. Pense nos critérios de ordem do mundo. O fraco sofre; os mansos são menosprezados; o pobre, o faminto, e os sem-teto, esquecidos. Quase 20 por cento dos 5,4 bilhões de habitantes do planeta vivem em absoluta miséria e sofrimento. De alguma forma a fé cristã precisa fazer sentido para eles.

Como explicaria Jesus o governo do seu Reino? Seria o Reino de Deus simultaneamente o reino de Satanás? Se vivemos em meio a tais terríveis possibilidades, como entender a autoridade de Cristo? O que Ele diria para dissiparmos a forte suspeita de que tudo está fora de controle?

Estamos preparados para viver neste mundo como dependentes do Reino silencioso e invisível?

Jesus entendeu as incongruência do Reino. Ele sabia quem era: o Filho de Deus e também criança da humanidade miserável; conhecia o mistério acerca de seu nascimento e como seus "pais" tinham sido ridicularizados pelos vizinhos; sabia também que as boas novas de seu nascimento trariam a morte aos bebês primogênitos de Belém; conhecia as opressões da vida em territórios subjugados a regras injustas; sabia que os reinos do mundo estavam sob o domínio de Satanás; tinha ciência de que a terra estava cheia de doenças para serem curadas, e de endemoninhados e cativos para serem libertos; sabia que enfrentaria traição e execução dolorosa.

Ele não era ingênuo.

Ele sabia.

Mas, que tipo de Reino é o seu, para que o mundo permaneça tão frustrante?

As pessoas o seguiam no princípio, porque acreditavam que Ele mudaria o mundo. Estavam enfermos, e viram-no como alguém que os curaria; cresceram famintos, e clamavam que fosse seu provedor.

As multidões lhe pertenciam, até Ele conter seus milagres e negar soluções políticas. Até dizer-lhes para avaliarem o custo.

De que adiantava almejar o Reino, se as coisas não iriam mudar? Como poderiam entender os seus planos? Todas as pistas estavam lá - para eles e, agora, para nós - no princípio de sua carreira, nas primeiras palavras de seu grande discurso, o Sermão da Montanha. Chamamos à introdução "As Beatitudes". São preâmbulos da Constituição do Reino.

Leia em voz alta, reflita. A essência do Reino é declarada em menos de um minuto.

*Bem-aventurados os pobres de espírito, porque deles é o reino dos céus;*

*Bem-aventurados os que choram, porque eles serão consolados;*

*Bem-aventurados os mansos, porque eles herdarão a terra;*

*Bem-aventurados os que têm fome e sede de justiça, porque eles serão fartos;*

*Bem-aventurados os misericordiosos, porque eles alcançarão misericórdia;*

*Bem-aventurados os limpos de coração, porque eles verão a Deus;*

*Bem-aventurados os pacificadores, porque eles serão chamados filhos de Deus;*

*Bem-aventurados os que sofrem perseguição por causa da justiça, porque deles é o reino dos céus* (Mt 5.3-10).

Bem-vindo ao Reino invisível! O Reino em dois tempos - presente e futuro -, onde o que Deus faz agora dentro de nós, prenuncia o que fará por nós um dia, abertamente, para que vejamos. A mansidão será recompensada, dor aniquilada, desejos legítimos realizados. Veremos a face de Deus. Pacificadores, não provocadores de guerra, receberão lugar de honra. O humilde, não o orgulhoso, será exaltado. E, nesse Reino, hoje e até que o Rei volte, suportamos extraordinárias mudanças interiores, que nos tornam aptos a viver em um mundo que se recusa a mudar.

"Bem-aventurados."

Maneira ímpar de começar um sermão - e uma carreira.

Oito pronunciamentos delineando a alegria coexistente com a dor.

Podemos ter uma alegria profunda em meio à pobreza, dor ou enfermidade; valorizamos a retidão, e somos recompensados; demonstramos misericórdia, e o recebemos como pagamento; vivemos em santidade, e encontramos o Santificador; espalhamos a paz, e somos conhecidos pelo mundo como servos de Deus; se o pior da vida nos sobrevier, o Reino pertence a nós.

Eu costumava ficar perplexo ao ler as Beatitudes. Via-as como fantásticas declarações religiosas. Eu as achava dignas de serem imortalizadas em paredes e cartões. Mas o que elas significam? Senti sua força transformadora de vida, após começar a pensar em seu significado.

Sou bem-aventurado se for "pobre de espírito", não se estiver encoberto com o orgulho da minha própria importância e realizações espirituais.

Sou bem-aventurado se choro, não se for insensível à dor ao meu redor.

Sou bem-aventurado se sou manso, e não inclinado à fúria e avareza.

Sou bem-aventurado se tenho fome e sede de justiça, não se for indiferente a Deus e seus caminhos.

Sou bem-aventurado se sou misericordioso, não amargo, ressentido e frio.

Sou bem-aventurado se sou "limpo de coração", não se meus pensamentos são cheios de impurezas.

Sou bem-aventurado se sou pacificador, não crítico, julgador e hostil.

Sou bem-aventurado se sou perseguido por causa da justiça, não se me envergonho de Deus, ou fico constrangido quando me reconhecem como seu seguidor.

Passado o impacto das Beatitudes, entendi com mais clareza por que esse maravilhoso sermão começa com elas. Os padrões do sermão são altíssimos. As leis do Reino são escritas no coração: ame os inimigos, contenha a luxúria, domine a raiva, não julgue. Quem corresponde às expectativas? Apenas as pessoas nascidas de novo. Bem-aventuradas. Até eu compreender essas qualidades espirituais - as Beatitudes - seria difícil até mesmo ouvir o resto do sermão. Tal introdução coloca a Constituição do Reino em perspectiva.

Mas ao ler estas características como qualidades espirituais, não posso esquecer sua alusão ao mundo, ou deixarei de aprender muito do que Jesus tentava explicar. Por este motivo Ele mencionou pobreza, dor e conflitos humanos.

Talvez você tenha notado que as Beatitudes constam em Mateus (capítulo 5) e Lucas (capítulo 6). Nossa tendência é ler Mateus. Sua entrega parece demasiadamente espiritual. Lucas é mais terreno, e apresenta Jesus falando conosco diretamente, na segunda pessoa.

Mateus diz: "Bem-aventurados os pobres de espírito". Lucas diz apenas: "Bem-aventurados vós, os pobres".

Mateus diz: "Bem-aventurados os que têm fome e sede de justiça." Lucas diz: "Bem-aventurados vós, que agora tendes fome".

Por toda a Escritura os pobres, famintos e renegados são descritos como próximos do Reino. Eles são menos propensos a confiar nos próprios méritos e posições; estão mais aptos a serem guiados por Deus. Riqueza, conforto e posição podem facilmente cegar-nos para o que interessa. O desconforto da pobreza, por outro lado, pode abrir-nos os olhos espirituais, para que nos vejamos como realmente somos. Poderia a pobreza material ajudar-nos a entender o que significa ser pobre de espírito?

É compreensível que seis anos e meio de cativeiro e "orações não respondidas" levassem um homem a questionar a existência de Deus. Mas não é surpreendente que outro homem, passando pela mesma situação, tenha chegado a uma conclusão diferente? Tal experiência não poderia nos levar a Deus, se apenas pudéssemos compreender o seu silêncio?

E se a pobreza, fome, dor, tristeza e até perseguição abrissem os nossos olhos para que víssemos o invisível reino terrestre e o ouvíssemos? E se o fato de vermos a Ele e ouvirmos sua voz, mudar a nós, e nossas circunstâncias permanecerem imutáveis? Não iríamos nos sentir cheios de alegria e misteriosa paz? Se pudéssemos sentir Deus conosco, mesmo em nossos piores momentos, então descobriríamos o que realmente significa ser "bem-aventurado".

Seria tal incongruência a causa de Jesus iniciar o seu sermão e, de alguma forma, sua carreira: com 60 segundos de perspectiva?

"Bem-aventurados."

Não podemos desprezar os 2.347 dias de cativeiro de Thomas Sutherland. Tampouco palavras amenas podem apagar a aflição e dor nas famílias que têm perdido seus entes queridos nessa violência louca e corrupção descontrolada. Talvez o pobre permaneça na pobreza; o faminto, sem ser alimentado; o sem-teto, procurando abrigo; e os quebrantados de coração tenham razões para lamentar-se.

Deus pode permanecer em silêncio.

O Rei invisível sabia que desejaríamos justiça e razoável conforto. Não há surpresa, então, que no seu grande sermão Ele nos ensine a orar: "Venha o teu reino. Seja feita tua vontade, assim na terra como no céu". As coisas mudam, mas nós clamamos por sua vontade. Experimentamos, em primeira mão, o tempo futuro do Reino.

Até lá, aqueles que conhecem o Rei, e têm sido transformados de dentro para fora, podem descobrir a alegria profunda sobrepondo-se às circunstâncias. Neste tempo presente do Reino, esta é a grande surpresa. O Rei está vivo, escrevendo seu prefácio dentro de nós, e ensinando-nos a vivenciá-lo.

"Bem-aventurados!"

*Venha o teu reino, seja feita a tua vontade, assim na terra como no céu.*

Mateus 6.10

# Quinze

# *Vontade de Deus: O Paradoxo do Poder*

Eu esperava que o recinto do tribunal fosse maior. E mais quente. Ao invés, a pequena sala sem vida, com paredes brancas e piso de linóleo, me sufocava. Livros sobre leis, cheios de jargões e objetividades, enfileiradas na estante, enquanto 15 cadeiras de metal cinzento cercavam em fileiras curvas a ampla mesa do juiz. O frio de dezembro, passando através da janela fechada, aumentava a distância que uma pessoa sentia da outra.

Ali, naquela manhã, aconteceria o final de um trauma de dois anos. A ação, iniciada há muitos meses, terminaria com a decisão de apenas um homem. De um modo ou de outro, haveria um fim ou um começo. Ali, as orações seriam respondidas.

Na verdade, a oração era o ponto. Não a decisão de um homem - mesmo tendo o Estado a apoiá-lo. A vontade de Deus, antecipei com confiança, seria feita. Mas diante do silêncio de Deus, como eu iria saber o significado?

Quando minha esposa e eu abrimos nossa casa para que um bebê ficasse sob nossa tutela, pensávamos que ele e sua irmã mais nova, acomodados em outra casa adotiva, seriam logo liberados para adoção legal. Mas uma nova lei estadual retroativa e, portanto, aplicada a este caso, transformou uma espera de poucas semanas em dois anos de incerteza e apreensão. Sabíamos muito bem que até pequenas cidades tem burocracia, mas esta é uma pequena cidade burocrática. Enquanto as engrenagens se moviam devagar, fomos privados de detalhes sobre a formação de nosso filho adotivo, o que acarretou-nos grande ansiedade. Detalhes que provavelmente não deveríamos ter enfrentado. Se ele e sua irmã tivessem retornado àquela casa, será que estariam seguros? Estariam alimentados ou vestidos?

Seriam amados?

Oramos, nós e nossos amigos. Mas a apreensão não foi embora. Perguntávamos se a vontade de Deus seria feita, se poderíamos expressar o que achávamos ser justiça, mas, neste mundo perdido, apenas antecipando a justiça de um reino vindouro, qual seria a vontade de Deus? Como responderia? Até onde interviria?

Amigos bem intencionados da igreja eram enfáticos: "Deus dará essas crianças a vocês". Não estávamos tão certos. Um lar adotivo certamente nos parecia o melhor para as crianças; iria protegê-las do desprezo, prejuízo e descaso. Não seria a necessidade de adoção uma prova de que as coisas na terra não estão em harmonia com a vontade de Deus? Em um mundo sujeito à vontade de Deus, as crianças seriam protegidas e cuidados por pais amorosos que os desejassem; não haveria necessidade de adoção.

Não é de admirar que teólogos vejam a vontade de Deus sob duas formas: a permissiva e a imperativa - Deus permite, ou quer e faz acontecer. Poderíamos afirmar, então, que o mundo degradado é vontade permissiva e a vinda do Reino justo vontade imperativa?

Como, então, responderia Deus nossa oração persistente? Se Ele "permite" circunstâncias que fazem da adoção uma necessidade, como teríamos certeza de que interviria "imperativamente", apenas em resposta à nossa oração? Por todo o mundo pessoas, mesmo piedosas, enfrentam dificuldades. A História é relato de sofrimento freqüentemente incorrigido, e de desastres evitados apenas algumas vezes.

Durante dois anos, na cabeceira da cama de uma pequena criança, minha esposa e eu oramos a esse Deus silencioso, cuja vontade era agora mistério, e os caminhos, complexos. Como resultado de tantos meses de intercessão, e com a resposta em mente, o Deus da oração deu-me o significado de maneira ímpar. Recordo ter esboçado, naquele momento, um desenho de um pequeno rosto encoberto por uma barraca feita de uma Bíblia virada. O título era: "Seja feita a tua vontade, assim na terra como no céu". Desenhei aquilo pois, contrário ao encorajamento dos amigos cristãos, a vontade de Deus não nos deixa sempre alegres. O que ele permite acontecer no mundo nem sempre é "magnífico".

Não ainda.

É por este motivo que oramos: "Venha o teu reino, seja feita tua vontade assim na terra como no céu".

Teólogos têm cruzado espadas sobre questões do Reino - o que é, o que não é - mas seria ele realmente obscuro? Jesus disse: "Deixai vir os meninos a mim, e não os impeçais; porque dos tais é o reino de Deus. Em verdade vos digo que qualquer que não receber o reino de Deus como menino de maneira nenhuma entrará nele" (Mc 10.14,15). Não preciso estar tão confuso. De fato, "a vós vos é dado conhecer os mistérios do reino de Deus, mas aos outros por parábolas, para que, vendo, não vejam, e, ouvindo, não entendam" (Lc 8.10).

Para simplificar: o Reino está onde o Rei está. Então, antecipadamente, a notícia é dada: "É chegado a vós o reino de Deus" (Lc 10.9). O Reino estava próximo porque o Rei estava perto. E, estando perto, o Reino não era um lugar ou uma província onde pudessem entrar.

O que aconteceu após Jesus ter milagrosamente alimentado os cinco mil? Esta foi sua reação: "Sabendo pois Jesus que haviam de vir arrebatá-lo, para o fazerem rei, tornou a retirar-se, ele só, para o monte" (Jo 6.15).

Tivessem eles vencido, e Ele falharia. Jesus teria aceito interpretar o Reino apenas da sua maneira, e aqueles não são os termos de uma monarquia terrestre.

Nunca teria sido possível entrar no Reino cruzando a fronteira. Os evangelhos falam disso como "forças para entrar". Uma criança poderia entrar, mas, Ele declarou: "Quão dificilmente entrarão no reino de Deus os que têm riquezas! Porque é mais fácil entrar um camelo pelo fundo de uma agulha do que entrar um rico no reino de Deus" (Lc 18.24,25).

Onde ficava o Reino, então, acessível aos simples e inacessível aos auto-suficientes? A pista está nas parábolas que Jesus usou para descrevê-lo. Ele falou sobre sementes e fazendeiros, solos bom e ruim, pássaros, pedras e espinhos; tudo para dizer que o Reino estava relacionado à maneira como ouvíamos a Palavra de Deus, como a aceitamos e vivemos (Mc 4). Não é surpreendente que os evangelhos falem sobre o Reino de Deus estar dentro de nós, pois é este o lugar onde o Rei quer reinar.

O Reino está onde o Rei está.

Por esse motivo o apóstolo Paulo falaria sobre o Reino de Deus com palavras que descreviam peculiaridades de caráter interior e qualidades espirituais: "Porque o reino de Deus não é comida nem bebida, mas justiça, e paz, e alegria no Espírito Santo" (Rm 14.17); "Porque o reino de Deus não consiste em palavras, mas em virtude"

(1 Co 4.20). O que é o poder do Reino, se não força para uma mudança interna?

De fato, a grande mudança precisa atingir-nos antes de podermos ver o Reino de Deus: "Aquele que não nascer de novo, não pode ver o reino de Deus" (Jo 3.3); "...nascer da água e do Espírito" (Jo 3.5).

O Reino está onde o Rei está. E poderíamos dizer: há "lugares" onde Deus se recusa a estar. Por quê? Porque o Reino de Deus está reservado a pessoas que são fundamentalmente diferentes: "Não sabeis que os injustos não hão de herdar o reino de Deus? Não erreis: nem os devassos, nem os idólatras, nem os adúlteros, nem os efeminados, nem os sodomitas, nem os ladrões, nem os avarentos, nem os bêbados, nem os maldizentes, nem os roubadores herdarão o reino de Deus" (1 Co 6.9,10).

Na continuação, o contraste: "É o que alguns têm sido; mas haveis sido lavados, mas haveis sido santificados, mas haveis sido justificados em nome do Senhor Jesus, e pelo Espírito do nosso Deus" (verso 11). Pela graça de Deus e nossa fé somos feitos dignos de herdar o Reino: "O qual nos tirou da potestade das trevas, e nos transportou para o reino do Filho do seu amor; em quem temos a redenção pelo seu sangue, a saber, a remissão dos pecados" (Cl 1.13,14).

Mas há uma outra dimensão do Reino de Deus: a dimensão futura, além da sua atual regra espiritual. Paulo antecipa a ressurreição do corpo e as mudanças que varrerão o Universo: "Depois virá o fim, quando tiver entregado o reino a Deus, ao Pai, e quando houver aniquilado todo o império, e toda potestade e força" (1 Co 15.24). Mesmo a morte será destruída. E participaremos da consumação dos tempos e angústias, quando tudo o que está errado será endireitado, pois "a carne e o sangue não podem herdar o reino de Deus". Mas seremos ressuscitados dentre os mortos, transformados e ajustados ao Reino eterno. As Escrituras falam do Reino vindouro como um tempo futuro inesperado, pois o próprio Rei retornará. O Reino está onde o Rei está. E o dia chegará - brevemente - quando todas as histórias humanas serão destruídas.

Então, quando oro: "Venha o teu reino", expresso meu anseio por seu governo; declaro minha antecipação do Reino que põe fim à morte, lágrimas, pecado e injustiça; digo: "Senhor, venha agora; tome o controle do que é seu". Mas também afirmo minha vontade de estar sob sua autoridade agora, e até a sua vinda, não apenas após sua volta: "Senhor, não demore. Guia-me agora, muda-me e quebra-me, para que minha vontade seja a tua.

Ao orar: "Venha o teu reino", com submissão e entendimento, também expressamos a frase seguinte e inseparável do Pai Nosso: "Seja feita a tua vontade assim na terra como no céu". As idéias são paralelas: quero o seu Reino e clamo por sua vontade.

Certamente a oração vai além. Estamos cansados dos reinos secundários e da corrupção humana. Imaginamos como seria o Universo governado à sua maneira gentil e justa.

Mas, é claro, apenas se o Reino puder vir a nós, dentro de nós, muito antes de ser reconhecido pelo mundo, então poderemos concordar com sua vontade, muito antes que "se dobre todo o joelho... e toda a língua confesse que Jesus Cristo é o Senhor" (Fp 2.10,11).

Hoje fiz a oração, impaciente com o presente imperfeito, implorando pelo futuro perfeito. Mas pedi também que as características do futuro invadam o presente. Quando oro: "Seja feita tua vontade assim na terra como no céu", estou dizendo: "Submeto minha vontade à tua; não a questionarei quando vier a mim hoje. Se me alegrares, vou celebrar. Mas, mesmo que me entristeça, confiarei em ti, e amar-te-ei".

Assim, seguimos o exemplo do próprio Reino que nos rege: "Pelo que, entrando no mundo diz: Sacrifício e oferta não quiseste, mas corpo me preparaste. Então disse: Eis aqui venho (no princípio do livro está escrito de mim), para fazer, ó Deus, a tua vontade" (Hb 10.5,7). Ele disse isto, mesmo sabendo que iria passar uma dor inimaginável. Sua submissão culminou em uma oração solitária na noite de sua prisão: "Pai meu, se este cálice não pode passar de mim sem eu o beber, faça-se a tua vontade" (Mt 26.42).

Até chegar o Reino, até toda a terra submeter-se à vontade de Deus, às vezes sua vontade nos causa dor, já que o próprio Rei sentiu dor. Este é o custo da oração que devemos fazer: "Seja feita a tua vontade. Submeto-me completamente".

Então, naquela manhã de dezembro, minha esposa e eu fomos àquele tribunal frio e impessoal, aguardar a vontade humana.

Pelo fato de termos orado e sermos cidadãos do Reino maior, sabíamos que forças maiores estavam trabalhando. A vontade de Deus seria feita, mesmo que não soubéssemos o que ela significaria.

Mesmo que Ele estivesse em silêncio.

Isto aconteceu há 16 anos. Nosso filho mais velho está agora sob sua vontade, enfrentando as mudanças de um mundo que disputa com a vontade de Deus. De tempos em tempos ainda oro pelo bem-estar de sua irmã, a filha que nunca conheci.

*Não atentando nós nas coisas que se vêem mas nas que se não vêem; porque as que se vêem são temporais, e as que se não vêem são eternas.*
2 Coríntios 4.18

# Dezesseis
# *Fé: Acima da Sombra de Dúvida*

Embora nunca o tenha conhecido, o irmão gêmeo de minha mãe foi a causa do princípio de minhas dúvidas, muito antes de eu abraçar a fé. Ele foi tema de orações não respondidas, muito antes de eu encontrar respostas. Parecia que ele era objeto de frieza celestial, muito antes de eu descobrir o calor do amor de Deus.

Carl morreu aos 17 anos, eletrocutado num acidente raro. Ele viveu pouco tempo, entorpecido, em um estéril mundo no hospital em Topeka, Kansas. Enquanto estava entre a vida e a morte, seus irmãos e irmãs oravam por ele, tentando se agarrar a alguma esperança. Mas ele morreu.

Anos mais tarde, minha mãe ainda contava suas lembranças. Contou-me o quanto orou para que Carl vivesse, e como vovó um dia chegou do hospital com a notícia. Carl não mais voltaria para casa.

"Mas eu orei", declarou minha mãe. "Orei para que ele vivesse".

E vovó surpreendeu-a com a confissão: "Eu orei para que ele não vivesse". Se Carl tivesse vivido, ficaria inválido. A intensidade do choque tinha-lhe causado danos irreversíveis. E vovó não poderia vê-lo naquela situação.

Durante muito tempo minha mãe lutou entre dúvidas e fé, orações respondidas e não respondidas, frieza e calor de Deus.

Cristãos geralmente não costumam duvidar de Deus, colocando em questão a essência de sua fé. Para a maioria de nós, as dores da vida apenas nos colocam em guarda; a realidade das lutas nos impulsiona. A dúvida nos surpreende competindo com a fé, pois os gritos de sofrimento da terra em nossos ouvidos nos destroem - às vezes a ponto de a própria corrida parecer sem significado. Se a fé não for capaz de dirigir razoavelmente a dor, para que serve?

Se a fé é tão pobre em recursos que sua única resposta para o sofrimento for ignorá-lo, ela é inútil. Pessoas honestas escolheriam dúvidas honestas sobre fé desonesta. Corajosos indivíduos diriam: "Preciso enfrentar as dores da vida com toda intensidade. Preciso vencê-la, se a fé for apenas um anestésico, sem um confronto honesto, a dúvida adquire mais integridade".

Muitas coisas têm acontecido comigo, desde que ouvi minha mãe falar de sua dor por Carl pela primeira vez. A curiosidade infantil sobre dúvida e fé, oração e Céu começou a inflamar questões que ocasionalmente acarretavam dúvidas. Mas, no fim da adolescência, encontrei uma fé firme e crescente em Cristo, a qual me capacitou a enfrentar as lutas, completamente agarrado a Deus. Isto me foi possível, pois a Palavra enfrenta a dor honestamente, sem a anestesia de palavras doces.

Admitindo a realidade das dores da vida, Deus nos tem dado motivos para duvidar menos. Ele tem respondido nossas maiores perguntas (mesmo que em termos gerais), e agora pode dizer-nos, como fez a Tomé: "Bem-aventurados os que não viram e creram" (Jo 20.29).

A vida nos machuca, e a dúvida nos atinge. Ouvimos Jesus perguntar: "Quereis vós também retirar-vos?" (Jo 6.67). E respondemos: "Senhor, para quem iremos nós? Tu tens as palavras da vida eterna. E nós temos crido e conhecido que tu és o Cristo, o Filho de Deus" (Jo 6.68,69). Mas agora, algo tão pequeno quanto a pergunta introduz-se entre nós e nosso Deus. Cresce uma fenda, uma dúvida: "Jesus é suficiente?"

Como então nós, que vivemos pela fé, podemos compreender isso sem duvidar? Aqui estão alguns tópicos que penso serem úteis.

*Pense na companhia de quem você tem andado.* Há algo sinistro sobre o caminho silencioso; a dúvida nos consome, trazendo vergonha e relutância em admitir que ela exista. Temos orgulho quando possuímos uma grande fé, mas quem confessa honestamente a dúvida? Quem mancha o seu prestígio, confessando fraquezas de fé? Quem pede: "Ore por mim, estou com dúvidas sobre Deus?"

Pense em Jó, homem a quem Deus chamou "sincero e reto" (Jó 1.8). A dúvida o consumia.

"Sabei agora que Deus é que me transtornou, e com sua rede me cercou. Eis que clamo: Violência! mas não sou ouvido; grito: Socorro! mas não há justiça. O meu caminho ele entrincheirou, e não posso passar; e nas minhas veredas pôs trevas. Da minha honra me despojou; e tirou-me a coroa da minha cabeça. Quebrou-me de todos os lados; e eu me vou; e arrancou a minha esperança, como a uma árvore. Ele fez inflamar contra mim a sua ira, e me reputou para consigo como um de seus inimigos" (Jó 19.6-11).

Jó estava em profundo desespero e dúvida. Deveríamos envergonhar-nos de sermos classificados como pessoas capazes de duvidar, como Jó?

Considere o lamento de Jeremias, "o profeta chorão", escolhido por Deus ainda no ventre de sua mãe (Jr 1.5).

"[Deus] circunvalou-me, e não posso sair; agravou os meus grilhões. Ainda quando clamo e grito, ele exclui a minha oração. Circunvalou os meus caminhos com pedras lavradas, fez tortuosas as minhas veredas" (Lm 3.7-9).

Jeremias não tinha certeza se Deus aceitara suas orações. Podemos freqüentemente pensar da mesma forma.

Pense em Jesus no Getsêmani, sua agonia, seu desgaste emocional:

"E tomou consigo a Pedro, e a Tiago, e a João, e começou a ter pavor, e a angustiar-se. E disse-lhes: A minha alma está profundamente triste até a morte: ficai aqui e vigiai. E, tendo ido um pouco mais adiante, prostrou-se em terra; e orou para que, se fosse possível, passasse dele aquela hora. E disse: Aba, Pai, todas as coisas te são possíveis; afasta de mim este cálice; não seja, porém, o que eu quero, mas o que tu queres" (Mc 14.33-36).

Pense em Jesus no Gólgota, sua terrível solidão: "Deus meu, Deus meu, por que me desamparaste?" (Mc 15.34).

Deus compreende melhor do que imaginamos nossos sentimentos de pânico diante do sofrimento. Deus compreende a dúvida, seus servos a têm provado. Ele compreende as questões que nos levam a rogar-lhe que mude os planos; seu próprio Filho pediu tal coisa.

Jó encontrou fé, mesmo em meio a grandes dúvidas: "Porque eu sei que o meu Redentor vive, e que por fim se levantará sobre a terra. E depois de consumida a minha pele, ainda em minha carne verei a Deus" (Jó 19.25,26).

Jeremias presenciou a devastação de sua nação, e ainda assim encontrou fé para pronunciar: "As misericórdias do Senhor são a causa de não sermos consumidos; porque as suas misericórdias não têm fim. Novas são cada manhã; grande é a tua fidelidade. A minha porção é o Senhor, diz a minha alma; portanto esperarei nele" (Lm 3.22-24).

Jesus voluntariamente - embora não sem pedir uma alternativa - submeteu-se à vontade do Pai. Da mesma forma, podemos sentir-nos sobrecarregados com dúvidas cruciais, mesmo achando um pouco de fé, ainda que fraca. Esta foi a experiência de Paulo: "Em tudo somos atribulados; mas não angustiados; perplexos, mas não desanimados" (2 Co 4.8).

Quando fico envergonhado sobre minhas dúvidas, recordo-me que não estou sozinho.

Na verdade, estou em boa companhia.

*Determine a origem da sua dúvida.* Há diferentes tipos de dúvida. Escolhi enfatizar aquela proveniente do sofrimento - pelo esforço harmonizar a fé com as realidades doloridas da vida. Isto é o que nos faz questionar. Perdemos alguns a quem amamos. Crianças enfrentam a fome. Somos acometidos por doenças. Perdemos o emprego, ou o casamento. Agora, o que significa fé? E enfrentamos obstáculos de dúvidas, assim como a vida investe contra a fé. A dúvida, então, pode ser proveniente da dor.

Dúvidas também surgem de questões legítimas e intelectuais. Encontramos na Bíblia idéias aparentemente contraditórias. Gênesis 1 parece não estar em harmonia com Gênesis 2; mapeamos os milagres de Jesus e encontramos um mendigo cego em um evangelho, e dois em outro; tropeçamos na evolução e na criação; achamos o nascimento virginal questionável. Podemos ser honestos ao questionar nossa fé, mas não estamos preparados para pôr termo às questões. As dúvidas inundam nossos pensamentos.

A dúvida pode ainda ser proveniente da descrença. Isto pode parecer estranhamente redundante, mas dúvida e descrença não são necessariamente a mesma coisa. Algumas vezes nossas dúvidas provêm de uma fé vacilante em situações sólidas. Outras, é uma revolta contra a própria fé. No primeiro caso, somos como o homem que disse a Jesus: "Eu creio, Senhor! ajuda a minha incredulidade" (Mc 9.24). No segundo, somos como o descrente Israel do qual se disse: "... mas a palavra da pregação nada lhes aproveitou, porquanto não estava misturada com a fé naqueles que a ouviram" (Hb 4.2). A dúvida então, tem origem em determinadas descrenças.

Consciente ou subconscientemente, caímos algumas vezes em desobediência por duvidar. Encontramos as palavras duras das Escrituras e suas ordens para nós, e, subitamente, não temos tanta certeza de nossa fé. Coincidência? É uma dúvida honesta, ou apenas o pecado adornado e embelezado? Esta maneira de duvidar assemelha-se à questão intelectual; de fato, é simplesmente descrença.

Hebreus previne que "ninguém caia no mesmo exemplo [de Israel] de desobediência" (Hb 4.11). Então nos lembra: "Porque a palavra de Deus é viva e eficaz, e mais penetrante do que espada alguma de dois gumes, e penetra até a divisão da alma e do espírito, e das juntas e medulas, e é apta para discernir os pensamentos e intenções do coração. E não há criatura alguma encoberta diante dele; antes todas as coisas estão nuas e patentes aos olhos daquele com quem temos de tratar" (Hb 4.11-13).

Quando a dúvida nos atinge temos de perguntar-nos de onde provêm as perguntas. Estamos encobrindo pecado sob a forma de "dúvida"? Estamos usando a dúvida como desculpa para resistir ao trabalho que Deus quer fazer em nós? Estamos com dúvidas, mesmo sob um estudo minucioso das Escrituras?

Dúvidas nos sobrevêm. Questões intelectuais pedem respostas razoáveis.

Quanto estamos dispostos a ler e estudar com a mente aberta? Estamos dispostos a esforçar-nos, e reconciliar fé e pensamentos?

A dúvida surge, quase reflexiva, da nossa dor. Traremos questões a Deus, mesmo sabendo que precisamos esperar por respostas satisfatórias?

De onde vêm as dúvidas? Isto faz a diferença.

*Aceite que a fé ainda está sendo construída.* Minha mãe já tinha estado diante do túmulo do pai quando seu irmão morreu. Certamente a morte de Carl levantou algumas questões sobre Deus.

Anos depois, ela ficaria diariamente na cabeceira da cama de Marian, uma amiga íntima à beira da morte. O câncer parecia implacável. Indiscriminado. Por que Marian?

E a fé de Marian oscilava. O que vinha à memória de minha mãe quando Marian expressava dúvida, quando questionava o amor de Deus? O que pensou minha mãe quando a filha mais nova de sua amiga disse: "Eu não compreendo, orei para que minha mãe ficasse boa, e ela não ficou?"

Não sei como aconteceu, mas minha mãe tinha apaziguado suas questões. Estava emocionalmente livre para assistir a amiga em suas dúvidas. Não acho que suas questões tenham sido resolvidas. Não creio que ela estivesse livre das dúvidas, mas estavam mais atadas do que antes.

Fé e dúvida não são lados opostos da mesma linha. Fé é algo que emerge; dúvida é algo que se origina gradualmente. E o movimento não é sempre progressivo - da dúvida para a fé.

Quando olhamos um copo parcialmente cheio, indagamos: Está meio cheio ou meio vazio? Suponhamos que a fé seja o conteúdo do copo: estamos meio cheio de fé ou meio cheio de dúvida? E se olharmos para o copo - nossa experiência - e vermos metade de dúvida, é apenas dúvida que veremos?

Ao olhar Deus para o copo meio cheio, meio vazio, o que Ele vê: a dúvida ou a fé? Ou, se a fé é apenas uma pequena semente - digamos, de mostarda -, Deus pode vê-la, mover-se por ela? Ou Ele está tão ocupado, contemplando a grande dúvida, que ignora aquela partícula de fé?

Sabemos a resposta. Deus vê a fé. E seu crescimento.

Se tivéssemos encontrado Gideão escondido na prensa de lagar, ou dilacerando o altar de Baal, acobertado pela escuridão, o teríamos chamado "Grande Homem de Fé" ou "Covarde Ante a Dúvida"? Hebreus 11 o inclui no rol das pessoas de fé.

O que Deus vê?

A fé sendo processada.

A dúvida pode fazer parte do processo de fé. Pode ser a fé, agarrada à vida, ao seu pior, tentando forçar fé e vida a concordarem. A essa briga entre fé e vida, chamamos dúvida. Às vezes é a fé sendo alcançada, crescendo. Se houver um pouquinho só de fé, o copo está meio cheio, não meio vazio.

Mas, não aceitemos a dúvida tão facilmente. Já li muitos livros, e ouvi muitas mensagens que pareciam mostrar-nos a dúvida como sinônimo de virtude. Sabemos que duvidar é comum, e não necessariamente um pecado. Concordamos que é um processo, mas não é uma virtude. Não podemos reescrever Hebreus 11, substituindo dúvida por fé. Fé é a substância das coisas que esperamos, dúvida é a sombra. "Porque andamos por fé, e não por vista" (2 Co 5.7). A virtude é a fé, não a dúvida: "Bem-aventurados os que não viram e creram" (Jo 20.29).

*Nutrir a perspectiva eterna.* As Escrituras parecem magnetizadas particularmente com idéias surpreendentes. Ao ponderar fé e dúvida, tenho sido atraído a 2 Coríntios. No capítulo 11 Paulo contrasta suas experiências com a dos falsos apóstolos. O capítulo cresce até o seguinte ponto: "São ministros de Cristo? (falo como fora de mim) eu ainda mais: em trabalhos, muito mais; em açoites, mais do que eles; em prisões, muito mais; em perigo de morte muitas vezes. Recebi dos judeus cinco quarentenas de açoites menos um. Três vezes fui açoitado com varas, uma vez fui apedrejado, três vezes sofri naufrágio, uma noite e um dia passei no abismo. Em viagens muitas vezes, em perigos de rios, em perigos de salteadores, em perigos dos da minha nação; em perigos dos gentios, em perigos na cidade, em perigos no deserto, em perigos no mar, em perigo entre os falsos irmãos. Em trabalhos e fadiga, em vigílias muitas vezes, em fome e sede, em jejum muitas vezes, em frio e nudez. Além das coisas exteriores, me oprime cada dia o cuidado de todas as igrejas. Quem enfraquece, que eu também não enfraqueça? Quem se escandaliza, que eu não me abrase?" (versos 23-29).

Como Paulo poderia prosseguir? Por que não ficou paralisado pela dúvida? O mesmo livro nos dá uma pista: "Por isso não desfalecemos: mas, ainda que o nosso homem exterior se corrompa, o interior, contudo, se renova de dia em dia. Porque a nossa leve e momentânea tribulação produz para nós um peso eterno de glória mui excelente; não atentando nós nas coisas que se vêem mas nas que se não vêem; porque as que se vêem são temporais, e as que se não vêem são eternas (2 Co 4.16-18).

O que impulsionava a Paulo?

Perspectiva.

A vida é complexa. Deus tolera, neste planeta, muita coisa revoltante. Holocausto e Hiroshima. Aborto e incesto. Fome e enfermidades. Desastres e violência. Morte. A dor é inevitável nesta vida que conhecemos. Cercados por nosso conforto moderno, podemos deixar as questões de lado por algum tempo. Mas, cedo ou tarde, a realidade traz a questão. Como podemos ajudar, estando absorvidos pela dúvida? Como alguém pode prosseguir?

Perspectiva.

Há mais coisas. Esta vida não é tudo. Deus fará certo tudo o que está errado. Ele não é indiferente, ou sem poderes. Ele está esperando, e se nesse meio tempo parecemos às vezes nos encontrarmos em dúvida, talvez estejamos incitados mais pela impaciência do que pela descrença.

Nunca conheci meu tio, mas porque ele viveu e morreu, aprendi sobre dúvida e fé, sobre orações respondidas e não respondidas, sobre frieza e calor dos Céus. Aprendi sobre o silêncio de Deus. Carl, meu tio desconhecido, foi apenas a introdução às questões que a vida tem me incitado desde a infância.

Agora estou convencido de que o Céu é agradável e amistoso, não frio e indiferente. Estou convencido de que minhas orações são ouvidas e respondidas, não ignoradas ou esquecidas. Creio que Deus tem falado, mesmo através do silêncio. Tenho achado uma fé firme em Cristo, crescendo e se fortalecendo ano após ano, e dúvidas às vezes ainda persistem.

Estou simplesmente impaciente por coisas melhores.

Mas, agora, quão forte é a fé?

Face ao silêncio de Deus, ela pode guiar-nos quando a vida nos trouxer o pior?

Pode ela sustentar-nos através do pior de nossos medos?

*Os meus dias são como a sombra que declina, e como a erva me vou secando. Mas tu, Senhor, permanecerás para sempre, e a tua memória de geração em geração. Tu te levantarás e terás piedade de Sião, pois o tempo de te compadecerdes dela, o tempo determinado, já chegou.*

Salmos 102.11-13

# Dezessete

# *Medo: Teste Definitivo de Confiança*

*Nosso terror será sem fim até estarmos face a face com o Criador do Universo, o primeiro e o último daquEle que está vivo.*

George MacDonald

Tenho tentado reconstituir minha mais antiga recordação de medo, e confesso que tem sido um pouco difícil. De qualquer forma, recordo-me de um incidente prematuro que deveria ter-me causado medo, mas isto não aconteceu. Eu não tinha mais de quatro anos, e meu pai, um contramestre da marinha dos Estados Unidos, estava posicionado em Adak, Alaska, nas Ilhas Aleutian. Ele tinha o dia de folga, e a família explorava a ilha estéril. Lembro-me estar perdido de meus pais, provavelmente não muito longe. Mas distante o suficiente. Andei até o topo de um rochedo. Não tenho certeza da distância que ele tinha da base, mas parecia ser muito alto. Eu estava curioso, fascinado e gradualmente chegando no alto do rochedo, tentando endireitar meus pés bem naquela linha entre a pedra e o ar. Eu não tinha noção do perigo.

O que aconteceu depois foi muito rápido.

Alguém perguntou: "Onde está Jimmy?" Minha mãe gritou ao ver o perigo que eu corria. Então, braços fortes tiraram-me dali, e me colocaram de castigo no carro.

Meu pai interviu.

Sentado, refletindo sobre o medo, notei como Deus se parecia com meu pai. Ele nos vê em perigo (não importa qual seja), e com freqüência intervêm, nos colocando a salvo.

O rei Davi assim expressou: "[O Senhor é] quem redime a tua vida da perdição, e te coroa de benignidade e de misericórdia" (Sl 103.4).

Tendo um Deus como este, o que temeremos?

Por outro lado, com os olhos voltados para o Salmo 102, leio: "Porque os meus dias se consomem como fumo, e os meus ossos ardem como lenha. O meu coração está ferido e seco como a erva, pelo que até me esqueço de comer o meu pão. Já os meus ossos se pegam à minha pele, em virtude do meu gemer doloroso. Os meus inimigos me afrontam todo o dia: os que contra mim se enfurecem me amaldiçoam. Pois tenho comido cinza como pão, e misturado com lágrimas a minha bebida. Por causa da tua ira e da tua indignação, pois tu me levantaste e me arremessaste. Os meus dias são como a sombra que declina e como a erva me vou secando" (versos 3-5, 8-11).

Minha vida resgatada da cova. Meus inimigos me afrontam.

Nada a temer. Medo inevitável.

As Escrituras relatam ambos: motivos para confiar e razões para temer.

Há, é claro, muito a temer. Aqueles que seguem as notícias o sabem. E, com tanta coisa para temer, tantos perigos em potencial, é natural perguntar: Onde está Deus? A Escritura está recheada com a questão, assim como nossa experiência.

Eu preciso aqui confessar meu aborrecimento, pois nós, afluentes cristãos americanos, parecemos ter dificuldade em compreender o equilíbrio entre confiança e medo. Somos propensos a suportar aborrecimentos universais (ou o desgosto de um vizinho), apenas colocando-os de lado. Parecemos inclinados a aceitar o sofrimento e medos compreensíveis, citando rapidamente o Salmo 103 em nossa experiência, e tardando a ver o Salmo 102 na experiência alheia.

Em momentos de apreensão, um hino tem vindo à minha mente repetidas vezes: *Tu és fiel, Senhor.* É um hino freqüentemente escolhido em cultos comemorativos e no Dia de Ação de Graças. É uma verdadeira expressão de confiança na fidelidade de Deus.

Recordo minha surpresa ao descobrir que este hino magnífico foi tirado diretamente do terceiro capítulo do livro de Lamentações. Ao ler o profeta, meus olhos encontraram o seu pronunciamento sobre a fidelidade de Deus - uma ilha de esperança em meio a experiências profundas e terríveis. O capítulo começa com estas palavras: "Eu sou o homem que viu a aflição pela vara do seu furor" (verso 1), e segue rumo a uma conclusão: "Temor e cova vieram sobre nós, assolação e quebrantamento" (verso 47). Entre os dois: "As misericórdias do Senhor são a causa de não sermos consumidos; porque as suas misericórdias não têm fim. Novas são cada manhã; grande é a tua fidelidade" (versos 22,23). Para muitos, esta estonteante mudança de sofrimento para esperança, de medo para fidelidade de Deus, é precisamente a realidade da vida.

Outros têm vivido uma vida um tanto amortecida, repleta de dores. Podemos sentir que nossa fé é um escudo, não apenas contra as flechas inflamadas de Satanás, mas contra os momentos terríveis da vida: dor, acidentes e violência. Nós nos apegamos a versos bíblicos fora de contexto como promessa de proteção ou prosperidade, enquanto três quartos do mundo precisa receber conforto e segurança bem diferentes de nós. Para muitos de nós, bênção significa sucesso, espiritualidade quer dizer prosperidade, e medo não significa nada. Não pela garantia da intervenção de Deus, mas devido ao privilégio de nascermos americanos. Gostamos de navegar tranqüilamente pela vida, não por causa de nossa forte fé, mas, devido à providência de Deus, a miséria raramente bate em nosso barco.

Alguns cristãos têm maneiras diferentes de temer. Aprenderam, através de experiências terríveis, que vivemos agora em um mundo falido. E o Deus silencioso nem sempre nos protege dos danos.

Recordo-me de um jovem que esteve na classe de escola dominical em que eu era professor, um violoncelista abençoado. Ele tinha acabado de mudar de Chicago para Atlanta com sua esposa, onde conseguiu um emprego como vendedor de automóveis para cobrir suas despesas, já que continuava seu estudo de música e apresentações por toda a nação. Ele estava na estrada, testando um carro com um cliente, quando o homem apontou a arma para ele, arremessou-o para fora do veículo e o matou. Lembro-me do choque quando ouvi a notícia. Uma onda de empatia sobreveio-me quando imaginei o terror sentido por ele antes de levar o tiro. E pensei que palavra Cristo teria para sufocar tamanho medo, e para sua esposa deixada para trás.

Ele era cristão.

Confiava em Deus.

Mas não houve intervenção de sua parte.

As mesmas emoções me sobrevieram muitos anos depois, quando recebi notícias sobre uma experiência similar que a filha de um amigo enfrentara. Mas, por alguma razão, este segundo acontecimento com violência e medo indireto trouxe-me à mente palavras de Jesus, que desde então têm estado comigo, como fonte de conforto e alívio. Não são palavras doces, livres. São duras, cercadas de ironia: "E digo-vos, amigos meus: Não temais os que matam o corpo, e depois não têm mais que fazer. Mas eu vos mostrarei a quem deveis temer; temei aquele que, depois de matar, tem poder para lançar no inferno; sim, vos digo, a esse temei".

Não temer? Não ter medo daqueles que matam o corpo, e depois não têm mais que fazer? O que pode ser pior?

Há muito, muito mais do que podemos imaginar.

Além da morte corporal, está a eternidade, um imenso conforto ou condenação, tudo comandado por Deus. Além da morte corporal, está o fim do medo terreno e o início de uma inimaginável esperança ou incomparável terror. Além da morte corporal está o começo.

O fato é que o medo saudável de Deus coloca o medo humano em perspectiva, e é disto que necessitamos ao enfrentar o medo. Realmente, enfrentando doenças, acidentes e mesmo violência, quando nos é arrancada toda esperança terrena, nada pode ofuscar o topo de nossa apreensão, exceto a clara visão da face de Deus.

Eu costumava pensar: Como os mártires conseguiam enfrentar a morte com tanta esperança e confiança - o pavor em saber que o pior estava para acontecer? No momento crucial da experiência humana, o que poderia sustentar uma pessoa?

A clara visão da face de Deus!

Amigos meus têm recebido palavra da parte de Deus em enfermidades terminais, e, de alguma forma, encontram graça, que os sustêm através do trauma, até o fim. Não sem lutas, questões, dúvidas ou medo. Mas também não sem a graça. Quando o medo aparece, o que os coloca em posição de subserviência?

A clara visão da face de Deus.

Não podemos encarar o medo como se fosse uma parede que não pudéssemos quebrar, nos cercando. Mas se pudermos enxergar além dele, através dele, e ver a face de Deus; se pudermos perceber a eternidade sobrepondo-se a todos os problemas, então tal perspectiva pode nos sustentar, não importa o que enfrentemos.

O que é, então, a clara visão da face de Deus? E como percebê-la?

Estêvão mostrou uma textual e instrutiva experiência em Atos 7, ao enfrentar o martírio, e contemplar os céus abertos para recebê-lo: "Mas ele, estando cheio do Espírito Santo, fixando os olhos no céu, viu a glória de Deus, e Jesus, que estava à direita de Deus; e disse: Eis que vejo os céus abertos, e o Filho do homem, que está em pé à mão direita de Deus. Mas eles gritaram com grande voz, taparam os seus ouvidos, e arremeteram unânimes contra ele. E, expulsando-o da cidade, o apedrejavam. E as testemunhas depuseram os seus vestidos aos pés de um mancebo chamado Saulo. E apedrejaram a Estêvão, que em invocação dizia: Senhor Jesus, recebe o meu espírito. E, pondo-se de joelhos, clamou com grande voz: Senhor, não lhes imputes este pecado. E, tendo dito isto, adormeceu" (versos 55-60).

Podemos concluir que Estêvão era sustentado literalmente pela clara visão da face de Deus, um presente do Espírito Santo para ele, no momento da necessidade. A visão não era algo que ele estivesse procurando ou antecipando; na verdade, ele parecia surpreso. O ponto interessante: ele teve uma clara visão da face de Deus, antes de seus olhos serem abertos para ver o que seus inimigos não podiam ver - a glória do céu.

Por que afirmo isto? Acompanhe Estêvão através de Atos 6 e 7, seguindo os acontecimentos que culminaram sua morte. A igreja de Jerusalém, já totalizando milhares de pessoas, procurava sete homens exemplares, "cheios do Espírito Santo e de sabedoria" (At 6.3), para supervisionar a distribuição de alimentos para as viúvas. Estêvão foi destacado dentre as centenas de possibilidades. Ele também é descrito como homem "cheio de fé e de poder", homem que "fazia prodígios e grandes sinais entre o povo" (At 6.8).

A oposição levantou-se contra Estêvão, mas os argumentos contra ele falharam, pois "não podiam resistir à sabedoria, e ao espírito com que falava" (At 6.10). Assim como haviam trazido falsas acusações contra Jesus, fizeram o mesmo a Estêvão, e ele foi arrastado até as autoridades. Mas, ao olhá-lo, "viram o seu rosto como o rosto de um anjo" (At 6.15).

As acusações foram apresentadas, e ele levantou-se para se defender - relato da história santa, o afastamento da nação de Deus, a proposta inicial do amor de Deus ao seu povo, culminando com a rejeição de Jesus. E este homem, cheio do Espírito, de sabedoria e fé; cheio da graça e do poder de Deus, não olhou para as circunstâncias, e sim em direção à eternidade, à face de Deus.

Talvez em nossos momentos de grande medo, o Espírito abra nossos olhos para vermos a glória dos Céus, literalmente. Isto já aconteceu. Mas é a nossa maneira de nos agarrarmos ao caráter amoroso de Deus, e nossa percepção de suas mãos operando na História que nos proporciona o primeiro vislumbre de sua face. O Espírito, a sabedoria, a fé e a graça são os que primeiro abrem nossos olhos, para que percebamos a face de Deus em nossos momentos de medo.

Pense nos momentos temerosos pelos quais Paulo passou: "Porque não queremos, irmãos, que ignoreis a tribulação que nos sobreveio na Ásia, pois que fomos sobremaneira agravados mais do que podíamos suportar, de modo tal que até da vida desesperamos. Mas já em nós mesmos tínhamos a sentença de morte, para que não confiássemos em nós, mas em Deus, que ressuscita dos mortos" (2 Co 1.8,9).

"Em tudo somos atribulados, mas não angustiados: perplexos, mas não desanimados; perseguidos, mas não desamparados; abatidos, mas não destruídos" (2 Co 4.8,9).

"Por isso não desfalecemos: mas, ainda que o nosso homem exterior se corrompa, o interior, contudo, se renova de dia em dia. Porque a nossa leve e momentânea tribulação produz para nós um peso eterno de glória mui excelente; não atentando nós nas coisas que se vêem, mas nas que se não vêem, porque as que se vêem são temporais, e as que se não vêem são eternas" (2 Co 4.16-18).

Ele resume: "Porque vivemos por fé, não por vista" (2 Co 5.7).

Com este pano de fundo, reitero as palavras confortantes de Jesus: "E digo-vos, amigos meus: Não temais os que matam o corpo, e depois não têm mais que fazer. Mas eu vos mostrarei a quem deveis temer; temei aquele que, depois de matar, tem poder para lançar no inferno; sim, vos digo, a esse temei" (Lc 12.4,5).

Um temor saudável a Deus, uma fé grata por quem Ele é!

O temor a Deus como fonte de conforto torna-se grande força quando tais versos são analisados em seu contexto, que afirma a sabedoria e a providência de Deus.

Nossas experiências são vistas e ouvidas por nosso Deus cuidadoso. Jesus disse a seus amigos: "Mas nada há encoberto que não haja de ser descoberto; nem oculto, que não haja de ser sabido. Porquanto tudo o que em trevas dissestes à luz será ouvido; e o que falastes ao ouvido no gabinete, sobre os telhados será apregoado" (Lc 12.2-4).

A passagem paralela em Mateus 10 prenuncia a realidade do martírio e o clímax: "O que vos digo em trevas dizei-o em luz; e o que escutais ao ouvido pregai-o sobre os telhados. E não temais os que matam o corpo, e não podem matar a alma, temei antes aquele que pode fazer perecer no inferno a alma e o corpo" (versos 27 e 28).

Correlacione as experiências de Paulo e Estêvão com estas palavras, ou com nossos medos.

Nada está oculto aos olhos e ouvidos de nosso Deus cuidadoso. Sabemos que, quando o médico nos dá más notícias, Deus as ouve. Quando você é tratado com violência na escuridão, Ele sabe, vê, ouve e se importa.

Não estamos esquecidos. As palavras de Jesus sobre medo, assassinato e inferno não foram seguidas de promessas ou livramentos, mas pela simples garantia: "Não se vendem cinco passarinhos por dois ceitis? E nenhum deles está esquecido diante de Deus. E até os cabelos da vossa cabeça estão todos contados. Não temais pois; mais valeis vós do que muitos passarinhos" (Lc 12.6,7).

O Salmo 103.4 expressa: "[Deus é] quem redime a tua vida da perdição, e te coroa de benignidade e de misericórdia". Mas, mesmo o Salmo 102 passa por apreensão: "Os meus dias são como a sombra que declina, e como a erva me vou secando. Mas tu, Senhor, permanecerá para sempre, e a tua memória de geração em geração. Tu te levantarás e terás piedade de Sião, pois o tempo determinado já chegou" (versos 11-13).

Gostaria de poder dizer que o estudo aprofundado da Bíblia me libertou do medo. Este não é o caso. Mas está começando a mudar minha perspectiva. Não conheço a vontade de Deus para minha vida, mas estou em pé no topo dos meus medos. Talvez, ao final, no último segundo irreversível, seus braços fortes me levantem e me coloquem fora de perigo. Mas, mesmo que ele não o faça, mesmo que eu role de cima do topo do maior dos meus medos, sei que cairei em seus braços fortes.

Minha visão nublada está começando a clarear, e a imagem que vejo é com certeza a face de Deus.

*Porque os olhos do Senhor estão sobre os justos; e os seus ouvidos atentos a suas orações; mas o rosto do Senhor é contra os que fazem males.*

1 Pedro 3.12

*E esta é a confiança que temos nele, que, se pedirmos alguma coisa segundo a sua vontade, ele nos ouve.*

1 João 5.14

# Dezoito

# *Oração: Monólogos com Deus?*

Novo convertido, eu estava intrigado com os mecanismos da oração. Naqueles meses, passei muitas semanas em uma viagem ministerial com um grupo de cristãos mais maduros; eram para mim como irmãos e irmãs mais velhos. Ao orarmos juntos, o que fazíamos três ou quatro vezes ao dia, suas orações pareciam mais comoventes que as minhas. Notei que havia um vocábulo para iniciá-las o qual eu ainda não tinha aprendido. Meus amigos mais experientes pareciam tão leais, e quando alguém orava sobre algum ponto em particular, ouvia-se um "Amém" ou um "Sim, Senhor", já que orávamos em voz alta.

Minhas orações, em contraste, eram no início primitivas e diretas; eram idéias, questões ou pedidos mais ou menos impensados, com acanhamento interior, ou frases formadas por palavras religiosas que eu começava a absorver. Se eu orasse alto com o grupo, e alguém pronunciasse um "Amém" ou "Sim, Senhor", eu me distraía pela pequena emoção de ter sido aceito por eles, e, confuso, perdia-me na oração. Durante aquelas semanas, ouvi cuidadosamente, tentando aprender todas as frases, para incorporá-las às minhas orações, e eu sabia que estava progredindo, pois notava "améns" mais freqüentes.

Numa tarde, mais ou menos no meio da viagem, tive a oportunidade de orar a sós com nosso líder, Stan, quatro anos mais velho. Ele era para mim o modelo de tudo o que eu queria ser como cristão: espirituoso, sério, sensível e confidente. E, paralelamente, muito dedicado. Stan orou primeiro naquela tarde, maravilhosamente e um pouco demorado, e eu o animava com a expressão de afirmação aprendida com os irmãos. Stan expressava algo relativo à Deus, e eu respondia: "Sim, Senhor", com entonação exatamente igual às que ouvira tantas vezes. Ele louvava a Deus por sua majestade e bondade, e eu pontuava cada sentença com um inflamado "Amém".

Depois de algum tempo, Stan aparentemente parou de orar, e ficou em silêncio. Pensei que seria minha vez, e, após orar por alguns momentos, uma ambivalência repentina caiu sobre mim, desviando minha concentração. Sabia que estava indo bem, mas notei que Stan não estava me "encorajando". Nenhum som ou expressão. O que eu estava fazendo errado?

Parei, e foi quando o ouvi. Stan estava roncando!

Irritado, parei de orar no meio da sentença, levantei-me e saí do aposento. Para que orar, se ninguém estava me ouvindo?

Eu tinha saído do aposento, fechado a porta silenciosamente e sentado no sofá da sala, antes de perceber o que estava fazendo. Por que orar, se não havia ninguém me ouvindo? Quem tinha me ouvido, quando curvei a cabeça e abri minha boca? Stan?

Na manhã seguinte acordei cedo, tomei banho e saí para uma longa caminhada. Andando sozinho, comecei a falar com Deus; primeiro, silencioso e embaraçado por meu orgulho, mas quanto mais andava, mais conversava, até perceber que estivera falando com Deus em voz alta. Foi uma experiência rara e notável, que me deu a idéia de como deveria ser uma oração. Voltei para casa, e para meus amigos, determinado a não lhes contar o ocorrido, pois tinha sido muito pessoal e exclusivo - a mim.

Essas duas experiências - uma negativa e outra positiva - mostraram-me que eu tinha vivenciado a essência da oração. Por trás de toda reclamação ou questão está a grande pergunta: Quem está me ouvindo? Para quem estou falando quando oro?

Sei que a questão pode não ser particularmente relevante para todos. Há aqueles que argumentam ser a oração um grande benefício para quem ora, mesmo se "ninguém" estiver ouvindo. Oração tem uma certa qualidade terapêutica. O caminho para a cura de muitos problemas emocionais é a fala; algo quase medicinal acontece com o simples fato de expressarmos verbalmente nossos sentimentos e assuntos. Fale com um amigo, um pastor, um conselheiro. Fale com Deus. Você encontrará alívio mais facilmente através da conversação, do que guardando para si a confusão, mágoa ou raiva. Falar pode ser a alavanca psicológica para nos impulsionar em direção à esperança, particularmente se a fé promete perspectivas brilhantes. Falar pode ajudar-nos a organizar o cérebro, processar uma ordem de opções que precisamos considerar, mesmo se estivermos "apenas falando para Deus".

É claro, para muitos esta visão materialista da oração não é satisfatória por completo. Seria a oração apenas fumaça psicológica e espelhos, uma ilusão de algo real que beneficia aqueles que a praticam? Ou a oração é autêntica? Quem, verdadeiramente, é a minha audiência? Para quem falo quando oro?

Sejamos justos. Para a maioria das pessoas, mesmo aqueles que oram, há momentos em que a oração não parece real. Converso com Deus como um amigo, mas é uma conversa unilateral. Balbucio a este amigo cósmico, que parece estar fora do aposento.

Em contraste, encontro um conhecido na rua. Paramos de falar. Eu o vejo, estudo sua resposta. Se digo algo que o desagrada, sua expressão o denuncia mesmo antes dele falar. Se o elogio, sua face ruboriza-se. Se sou inacreditavelmente espirituoso, ele sorri. Se trago notícias trágicas, ele compartilha minha dor. Tudo isso antes mesmo que ele possa falar.

Mas Deus nunca fala, e eu não posso avaliar sua resposta visual. Ele não se irrita se está aborrecido; nunca dá risadas quando se diverte; não chora ao compartilhar meu aborrecimento. Com Deus, se creio em meus olhos e ouvidos, estou restrito a um monólogo.

Será que posso crer em meus olhos e ouvidos?

Para ter certeza, aprendemos caminhos para explicar a maneira silenciosa de Deus, sua prudência e recusa às solicitações; mas, são verdadeiras essas explicações? Ou seriam racionalizações para capacitar-nos o apoio em uma fé terrivelmente mal interpretada?

Se confio em meus limitados sentidos físicos, e considero a oração apenas no nível humano, a idéia de conversa com Deus parece absurda. Mas se Deus existe, não lidaremos com o nível humano.

Uma história do Antigo Testamento lembra-nos que com Deus há mais para ser visto, além da capacidade do olho humano.

Surgira certa animosidade entre os rei da Síria e Israel. Mas toda vez que o rei da Síria planejava atacar Israel, o profeta Eliseu era alertado por Deus, e avisava o rei israelita. Finalmente, encolerizado, o exército da Síria cercou Eliseu na cidade de Dotã, para temor do servo do profeta: "Ai, meu Senhor! que faremos?"

Calmamente, Eliseu garantiu-lhe algo que desafiava a evidência empírica: "Não temas, porque mais são os que estão conosco do que os que estão com eles".

Eliseu orou: "Senhor; peço-te que lhe abras os olhos, para que veja". O Antigo Testamento relata a resposta de Deus à oração de Eliseu: "E o Senhor abriu os olhos do moço, e eis que o monte estava cheio de cavalos e carros de fogo, em redor de Eliseu". Ver 2 Reis 6.

Estou certo de que o servo saiu do encontro questionando a habilidade dos seus sentidos físicos. Tão confiantes quanto poderiam estar, não foram muito longe, pois eram muito limitados. É prudente e seguro assumirmos a mesma posição. Não vemos Deus, nem ouvimos sua voz, o que não significa que Ele esteja ausente ou incomunicável.

Quem, então, me ouve quando oro?

A fé mostra-me que minha companhia é o próprio Deus, que ouve e se importa: "Ora, sem fé é impossível agradar-lhe: porque é necessário que aquele que se aproxima de Deus creia que ele existe, e que é galardoador dos que o buscam" (Hb 11.6). A fé abre um caminho de percepção tal, que não só substitui os sentidos físicos, mas de alguma forma soma-se a eles: "Porque andamos por fé, e não por vista" (2 Co 5.7); "As coisas que o olho não viu, e o ouvido não ouviu, e não subiram ao coração do homem, são as que Deus preparou para os que o amam. Mas Deus no-las revelou pelo seu Espírito" (1 Co 2.9,10).

A oração não é como uma conversa de esquina. As questões com as quais lidamos são extremamente profundas. De fato, tais conversas com Deus podem tornar-se tão pessoais, que começamos a sentir os limites não somente de nosso vocabulário, mas da própria linguagem. A fé mostra uma outra esfera, e nela até mesmo o silêncio de Deus pode ser articulado.

A imaginação é também ampla fonte de oração. Fico maravilhado pelo poder da mente humana em inventar soluções. Da mesma forma, tais poderes são aplicados à problemas vulgares.

Muitos de nós, ao depararem-se com um catálogo ou olhar uma propaganda, prontamente imaginam-se dirigindo um carro novo ou admirando um novo guarda-roupas. Podemos ver essas coisas, através do poder da imaginação. Esta capacidade pode ser conservada e alimentada de forma a criar uma fantasia desenfreada. A pornografia é um exemplo extremo.

A mesma capacidade de imaginação atingida por um grande *shopping center* ou algo pornográfico pode ser liberta para sempre, se lhe dermos educação teológica e a utilizarmos para a oração.

Por que não imaginar Deus com você, andando a seu lado, e segurando sua mão? As Escrituras estão repletas de ricos exemplos de nosso Deus cuidadoso: a Rocha, o Bom Pastor, o Pão da Vida, Criador do Universo. Poderíamos adicionar aqui nossos pensamentos. O que Deus representa em nossas experiências? Imagine o que aconteceria se nos aplicássemos à oração tão veementemente quanto aos catálogos e comerciais? E se não o fizéssemos? Penso que oração é fruto das coisas que processamos.

O que me afastaria do sucesso da oração? A incredulidade o faria, pois me conduziria a uma resposta errada sobre minhas questões. Quem é minha audiência? Com quem falo ao orar?

Desinteresse e distração conduziriam ao mesmo destino, e existem muitas distrações. As dificuldades podem desviar-nos a atenção; se estivermos muito ocupados com nossa dor, não poderemos conversar com Deus. Da mesma forma o sucesso, se nos deixa tão seguros que não necessitamos de um contato com Ele. Os negócios podem distrair-nos, se não reduzirmos o ritmo para reavaliar valores e priorizar o tempo.

Decepcionado com Deus, posso facilmente achar minha oração vazia e reclamar sua ineficácia. O que ganho com isto? Mas, se as distrações da vida têm-me afastado de uma disciplina de oração, não estou qualificado a julgar. Como avaliar o potencial da oração de maneira justa, se não a tenho realmente experimentado? Se a fé relata ser Deus minha audiência, como posso deixar algo menos importante me distrair?

Se não fizermos o tempo para falar com Deus, ou formos dirigidos por motivos errados, não teremos sucesso na oração: "Cobiçais e nada tendes: sois invejosos e cobiçosos, e não podeis alcançar: combateis e guerreais, e nada tendes, porque não pedis. Pedis, e não recebeis, porque pedis mal, para o gastardes em vossos deleites" (Tg 4.2,3). Se Deus é a minha audiência, e conheço-o por quem Ele é, naturalmente encontrarei mais compaixão nEle, e aquilo que o motiva a seu tempo transformará minhas próprias motivações.

Há outros problemas com a oração, é claro. Às vezes não alcançamos êxito devido à nossa perspectiva limitada: não sabemos pedir. As Escrituras repetidamente nos ensinam a orar de acordo com a vontade de Deus, mas o que poderia ser mais misterioso? A própria Bíblia parece sugerir que Deus também processa a oração sincera conforme sua vontade (Rm 8.26,27).

Podemos discorrer diversas reclamações sobre oração, e então catalogar os problemas e analisá-los conforme as Escrituras, mas nosso progresso será limitado até nos convencermos da resposta à grande questão. Quem é minha audiência? Com quem falo ao orar?

A mais ou menos 28.000 pés, na rota entre Orlando e Chicago, enfrentei uma turbulência que não tinha nada a ver com aquele vôo.

Durante semanas, a obstinação espiritual e refugo psicológico de um amigo chegado pesaram em minha mente como deveriam ter pesado na dele. Uma vez que sua vida espiritual estava marcada pela duplicidade, e seus problemas emocionais tinham aumentado de tal maneira, que nem ele próprio era capaz ou estava interessado em expô-los e lidar com eles. O contato com conselheiros profissionais não foram produtivos, e sua rejeição era muito forte. Sentado naquele 727 completamente cheio, orei, mas a oração não parecia real, a conversa era um monólogo. Minha mente vagueava, e eu começava a sentir-me culpado. Este problema importava para mim, e eu cria que Deus se importava. Então, por que era tão difícil concentrar-me nele?

Controlei minha distração, peguei um bloco azul e comecei a escrever uma carta para Deus. Eu costumava escrever cartas, bilhetes ou afirmações às pessoas que não podiam me dar um retorno imediato com um telefonema ou pessoalmente. Ao escrever, expressei meus sentimentos, frustrações, pensamentos, fraquezas e raiva. Falei com Deus sobre seu amor por meu amigo e seu poder soberano para reger as circunstâncias, a despeito do mistério da obstinação humana. Roguei a Deus que me fizesse prudente e equilibrado - a fim de ser um amigo confiável, mas não para interferir nas conseqüências daquele comportamento errado. Finalmente, após muitas páginas e horas de pensamentos, deixei o bloco de lado. Não poderia mudar meu amigo, e não tinha certeza de que Deus manipularia as circunstâncias, a fim de forçar uma obediência espiritual ou saúde psicológica. Assim, fiquei tranqüilo, pois agora o caso estava fora de minha responsabilidade, e depositado em mãos mais capazes e amorosas que as minhas.

Aquela carta-oração parecia... o quê? Um contrato? Um título transferindo um problema? Talvez, porém mais pessoal e amigável. Ao escrever a carta para Deus, senti minha frustração e inutilidade.

Curiosamente, houve um discernimento ao escrever, quando aquela carta parou de ser um informativo, uma reclamação, um discurso, e tornou-se apenas companheirismo.

O que aconteceu dentro de mim, durante aquele vôo da Flórida para Illinois, foi parecido com aquela minha caminhada matutina com Deus alguns anos antes. Um certo momento que transforma orações. Eu esperava ação e resultados da minha oração, mas o que realmente precisava era companhia.

Tenho observado que as orações mais intensas provocam mais desespero, perda de controle e circunstâncias impossíveis, o que demonstra nossa inadequabilidade, e nos afastam das petições e do companheirismo. Cristo fez uma oração impossível, e encontrou a porta para o caminho da intimidade com o Pai num momento de necessidade crucial.

Ele orou por uma saída para o sofrimento que enfrentava. "Se possível", disse, "passe de mim este cálice". Esta solicitação Deus não podia atender. "Todavia", Cristo continuou, "não seja como eu quero, mas como tu queres".

Submisso à vontade do Pai, a solicitação teve fim; o companheirismo não, e Cristo recebeu a força necessária para enfrentar a ordem inevitável.

Aqueles momentos de agonia e desamparo são um exemplo para nós. Às vezes precisamos esperar; Deus pode negar o pedido por boas razões, as quais não podemos compreender. Ficamos perplexos e desesperados, mas nada pode nos separar do seu amor. Por causa deste amor Ele é nossa audiência atenta e disposta, aquEle a quem oramos.

Meu interesse pela oração agora é mais profundo do que tentar entender como fazê-la beneficiar-me. Meu maior interesse está na comunicação, e, uma vez que Deus fale a linguagem do silêncio, todas as minhas falas, palavras e boas solicitações não precisam ser necessariamente o fim da oração, e sim o começo.

Aprendemos que Jesus com freqüência orava a noite toda. Você já pensou alguma vez nos detalhes? Como eram essas conversas? Será que eram como pensamos, uma fala ininterrupta? Não estou certo disto.

Tenho visto nas amizades, e experimentado em meu casamento: alguns dos momentos mais sublimes de companheirismo são compartilhados em silêncio. Talvez seja assim com Deus. Talvez o nível mais profundo de comunicação comece quando paramos de falar. Então, ali, em silêncio, ambos nos tornamos articulados.

*Quando vejo os teus céus, obra dos teus dedos, a lua e as estrelas que preparaste; que é o homem mortal para que te lembres dele? e o filho do homem, para que o visites?*
Salmos 8.3,4

# Dezenove
# *Sem Palavras: O Silêncio Articulado de Deus*

Kierkegaard afirmou: "O mundo atual e todos os seus habitantes estão enfermos. Se eu fosse um médico, e solicitassem meu conselho, eu diria: 'Façam silêncio'".

Fazer silêncio? Pense no esforço que teríamos de fazer.

Em nossa comunidade existe um convento que encoraja o retiro pessoal, com base na disciplina do silêncio. Alguns vêem o seu valor e apreciam a oportunidade. Outros, suponho, vêem a idéia como simples curiosidade ao invés de eficaz.

Não é notável que o ministério de Jesus seja proveniente de seis semanas de silêncio concentrado, e que Ele tenha suportado as exigências e pressões dos três anos seguintes devido a seu costume de retirar-se todas as noites para alguns momentos silenciosos?

Precisamos estudar melhor seu batismo, feito por João Batista, sob este aspecto: o evento público que o projetaria.

"Então foi conduzido Jesus pelo Espírito ao deserto, para ser tentado pelo diabo" (Mt 4.1).

E ali Ele foi tentado.

Mateus registra: "E, tendo jejuado quarenta dias e quarenta noites, depois teve fome; E chegando-se a ele o tentador, disse: Se tu és o Filho de Deus, manda que estas pedras se tornem em pães" (Mt 4.2,3). E a história continua: três tentações representativas, três respostas instrutivas. "Então o diabo o deixou, e, eis que chegaram os anjos, e o serviram" (Mt 4.11).

Marcos relata a mesma seqüência, após o reconhecimento público do seu batismo: "E logo o Espírito o impeliu para o deserto. E ali esteve no deserto quarenta dias, tentado por Satanás. E vivia entre as feras, e os anjos o serviam" (Mc 1.12,13).

Lucas escreveu: "E, acabando o diabo toda a tentação, ausentou-se dele por algum tempo. Então, pela virtude do Espírito, voltou Jesus para a Galiléia, e a sua fama correu por todas as terras em derredor" (Lc 4.13,14).

De volta para a grande multidão necessitada.

Você não está curioso sobre as seis semanas de silêncio? Quarenta dias solitários? Sabemos que não foram fáceis. Ele teve fome, foi importunado por Satanás, animais selvagens espreitavam na noite. Ele se sentiu só, como um prenúncio do abandono mais tarde enfrentado na cruz. A Bíblia relata que os anjos o serviram depois, não durante a experiência.

Seis semanas de silêncio. Quarenta dias solitários.

Quando não estava se defendendo dos ataques de Satanás, o que preenchia seus momentos silenciosos? Baseado em seus hábitos, os quais as Escrituras registram, supomos que orava. Pouco antes das seis semanas no deserto, Marcos relata: "E, levantando-se de manhã muito cedo, fazendo ainda escuro, saiu, e foi para um lugar deserto, e ali orava" (Mc 1.35). Isto frustrou os atarefados e barulhentos discípulos que, ao encontrarem o Mestre, exclamaram: "Todos te buscam" (Mc 1.37).

Não todos.

Seu Pai já o tinha encontrado, e Ele ao Pai, no silêncio da oração.

É justo supor que sua experiência durante os 40 dias no deserto aconteceu da mesma maneira. Orando.

Quando lia sobre as noites que Jesus passava em vigília, e imaginava uma conversa ininterrupta, isto me intimidava. Naquele tempo, eu podia orar pelos missionários espalhados pelo mundo antes mesmo que você pudesse dizer: "Em nome de Jesus, amém!" Agora entendo que se somos criativos e pensativos, os momentos em oração tornam-se conversação, onde facilmente perdemos a noção do tempo. Também não estou tão certo de que a oração por toda a noite era uma conversa sem pausa, e duvido que Jesus tenha falado o tempo todo. Suponho que Ele tenha extraído forças do companheirismo silencioso de Deus.

Estranhamente, tenho conhecido cristãos que se sentem um tanto incomodados com tal silêncio reflexivo. Suponho que isto dê uma idéia de mantras, mentes vazias e estados alterados. Esta não é a imagem por mim idealizada do silêncio de Deus e de Jesus.

Não é chocante que, ao ser confrontado por Satanás, as primeiras palavras por Jesus proferidas terem sido as palavras de Deus? Ele citou Deuteronômio por três vezes.

"O homem não viverá só de pão, mas que de tudo o que sai da boca do Senhor viverá o homem" (Dt 8.3).

"Não tentareis o Senhor vosso Deus" (Dt 6.16).

"O Senhor teu Deus temerás e a Ele servirás" (Dt 6.13).

Cristo citou as Escrituras de maneira tão reflexiva por estar sua mente repleta delas; e eram as Escrituras e as impressões do caráter e caminhos de seu Pai que preenchiam as longas horas de silêncio, e as faziam articuladas.

Mas não foi Jesus o único a experimentar tais momentos de companheirismo e silêncio articulado. Muitos anos antes, Deus falara a Abraão e o mandara a procura da "cidade que tem fundamentos, do qual o artífice e construtor é Deus". Ele obedeceu, e foi "sem saber para onde ia". Deus prometeu que deste velho homem, "que teve uma boa morte", sairia uma nação, "descenderam tantos, em multidão, como as estrelas do céu". Ver Hebreus 11.8-12.

E Abraão esperou.

Você pode vê-lo em sua jornada, tarde da noite, quando os últimos brilhos no espelho refletem as milhões de estrelas no céu? Pode ver este homem, que ousou agir pela fé, sorrindo na escuridão - no silêncio - por ter lembrado da voz e da promessa?

Anos mais tarde, um jovem pastor, descendente de Abraão, sentado em uma encosta sob aquelas mesmas estrelas silenciosas, imaginava qual seria seu destino. Com certeza Davi carregou consigo tais lembranças para sempre. Anos mais tarde, relembrando, ele reconheceu sua pequenez e a grande consideração de Deus para com ele: "Ó Senhor, Senhor nosso, quão admirável é o teu nome em toda a terra... Quando vejo os teus céus, obra dos teus dedos, a lua e as estrelas que preparaste; que é o homem mortal para que te lembres dele? e o filho do homem para que o visites?"

Séculos se passaram, e uma jovem foi visitada por um anjo certa noite. Sua mente ficou completamente confusa ao ouvir estas palavras: "Maria, não temas, porque achaste graça diante de Deus" (Lc 1.30). Quando o bebê Jesus nasceu, sua mãe - expectadora e participante do milagre dos tempos - ouve em silêncio as palavras de Deus através dos pastores. Não é surpreendente que em todos os seus momentos silenciosos, Maria "guardava todas estas coisas, conferindo-as em seu coração"? É surpreendente que não o façamos também.

Enquanto escrevo, a casa está silenciosa, pois é madrugada. Creio que esta seja a maneira mais apropriada para concluir este livro. Suponho, que para muitos escritores, se seu assunto for lógico, a conclusão deve ser uma verdadeira introdução. Um começo, não só para aqueles que lêem, como também para o escritor. Esperamos que as palavras façam a diferença.

E, agora, espero também pelo silêncio, para que faça a diferença - o silêncio que estamos aptos a criar. Se as palavras de Deus ecoarem em nossa mente, mesmo que enfrentemos as asperezas das dificuldades, com certeza acharemos o silêncio de Deus para ser articulado.

# Agradecimentos

*À minha esposa Harriet, que revisou o manuscrito comigo, passo a passo, e fez observações cheias de discernimento. Estou grato a ela por sua sabedoria, bem como seu amor abnegado.*

*A meu filho Michael, que foi compreensivo e encorajador quando eu me recolhia para estudar, ler ou fazer uso do computador. Obrigado, Buddy!*

*A meus amigos que leram o manuscrito e deram sugestões valiosas: Joy Bauerlein, Dr. Norm Ericson, Karen Johnson, Harold Myra, Marshall Shelley, Harold Smith, Dr. Dan Sommerville, Tim Stafford e Dr. Herb Wolf.*

*A meus amigos em Zondervan, em particular Scott Bolinder e Bob Hudson, que tanto me encorajaram.*

*À Susan Maycinik e seus amigos do* Disciplership Journal, *por conceder-me forum a fim de compartilhar muitas idéias encontradas na terceira parte do livro.*